家饌

1

珠璣小館

江獻珠 編著

烹飪技法實錄

萬里機構・飲食天地出版社 出版

家饌(1)

著者
江獻珠

攝影
梁贊坤

叢書統籌
何健莊

編輯
余紅霞

設計
朱靜　劉紅萍　馮麗珍

出版者
萬里機構・飲食天地出版社
香港鰂魚涌英皇道1065號東達中心1305室
電話：2564 7511　　傳真：2565 5539
網址：http://www.wanlibk.com

發行者
香港聯合書刊物流有限公司
香港新界大埔汀麗路36號中華商務印刷大廈3字樓
電話：2150 2100　　傳真：2407 3062
電郵：info@suplogistics.com.hk

承印者
凸版印刷（香港）有限公司

出版日期
二〇一〇年一月第一次印刷

前言

在飲食雜誌上每星期供稿一篇，轉眼六年，普及而合乎健康的食材差不多已用過，又不願採用鮑參肚翅珍貴作料，大有捉襟見肘之虞。

雖然決心要維持粵菜百年來的優良傳統，也不甘捨本逐末去做些四不像的菜色，我仍不免因食材的全球化，沾染了一些非粵菜的口味。我就算頑固，也不能不隨波逐流，兼用一些外來的食材，加一些現代烹調方法去演繹傳統粵菜。

在既定的條件下，一般的菜饌已做得差不多了，我轉移到平生在家中吃到精粗俱備的食物。這些菜饌包括我兒時在祖父家中吃到的美食、在外國自學的家庭飯餐、教烹飪時的課題、義務為美國抗癌會上門到會的古老排場大菜和我留港時一日三餐的膳食，只要出自我家廚房，都可算是家饌。

現今印刷技術突飛猛進，彩色圖片已成食譜必備，因此操作步驟與食譜同樣重要，在雜誌上省略的圖片，在本書內都有機會補回，使用者更易跟隨食譜操作。附帶的短文，多和家庭生活有關，顯示家饌的特色。

希望讀者喜歡這套小書，多加使用，也請飲食方家，不吝賜正。

江獻珠

2009 年 11 月識於香港

家饌

江獻珠玉

[印：獻珠]

目錄

蔬果

湯羹小食

《食經》原版重見天日

2001年我為紀念先師特級校對陳夢因先生所編撰的一套兩冊《粵菜溯源系列》出版後不久，中國內地一家出版社的編輯，通過萬里機構轉寄我一信，表示想在內地將特校老師的十集《食經》原裝出版。

這消息實在使我興奮莫名。先師生前想將《食經》再版，患癌後往返美國香港兩次，多方接洽，仍未能獲得香港出版界的青睞，竟爾鬱鬱而終。我那兩本食譜，不過只挑出我喜愛的菜式，在今天的情況下，按着他的食經烹煮出來，補上食譜並加插圖片而已。

先師在60年代退休返美，退出香港飲食江湖，在家舞刀弄鏟，不時款客以自娛。我們後輩得嚐先師好菜及教益，每每思及當日好時光，真的感慨萬分！為他編撰食譜，不過聊表思念及謝意於萬一。我這份心意，竟然在國內引起有人對他的賞識，那真是始料不及。但我覺得仔肩已卸，這事應交由陳家子弟來處理，便將原信寄給先師的長媳吳瑞卿。經過兩三年的來往商議，簡體版於2008年1月發行。香港商務印書館不甘後人，率先在2007年11月出版了一套五冊的《食經》繁體版，由吳瑞卿重新勘誤，不再是紙張印刷簡陋、排字錯漏百出的散冊，而是人皆可拿在手上一讀再讀、韻味深長，但仍是有經無譜的真正《食經》。

我接到贈書後，捧在手上略讀一過，內容我早已滾瓜爛熟，沒有當真的驚喜，只有對先師更加懷念。如果他看到我今天，依然謹遵他的教誨，默默耕耘，泉下也會安心吧。

有一次見到梁玳寧，她說行內竟有人說特級校對不懂燒菜，所寫不過是信口開河罷了。這話過火了些，但會食的不一定會煮。像先祖父從未下過廚，但他卻巍為羊城首席食家，今日留傳下來幾道冠以太史的名菜，全出自他的意念，而通過廚子精湛的技藝去表達出來。

其實玳寧每次到舊金山看望她的留學兒子，老師一定在家親自設宴招待。我屢屢說過，先師不是什麼名廚或今日所濫稱的廚神，只是喜歡在家「搵幾味」家常不過的菜饌，與朋友和後輩分甘同味而已。在我和他數十年的交往，大家可說是相知極深，是亦父亦師亦友的關係。他勝於指導而未必善於示範，刀工欠細，火候控制也未必到家，但他味覺敏銳，故此口味奇為挑剔，只要有些少瑕疵，都會被他嚐出而加以糾正。他頭腦靈活，一有什麼稀奇古怪的主意，總是向我下手，換句話說，他是導演，我是演員，兩人相輔相成，很多精緻的「食在廣州」黃金年代的傳統菜饌便由他策劃，而由我來執行。我三番四次真想問他，這麼一寫五、六年、每天一篇的食經，資料何來？但輩份攸關，總問不出口。既然《食經》內的烹調道理昭然若揭，就算有經「無譜」，他給予下廚人的指引，實有如黑暗中的明燈，又何必再問呢？

十集《食經》內，因作料來源，有些菜式很成問題，事過境遷，部分已不合時宜，讀者可以自行挑選試做。如果你能參悟出什麼道理而獲得成功，那你便是「將近道矣」！

「金銀肘子」是先師喜愛的菜饌之一，作料本來平平無奇，只有豬肘子和火腿，但經他精心挑選的火腿肘子，是美國維珍尼亞州史密非夫鎮所產，用來做這道菜，香味和鮮美遠勝今日的任何一種國產。在香港做這款金銀菜，作料不理想，難免失色，先師若在生，吃到我這道菜，不評得落花流水纔怪哩！

金銀豬腳

準備時間：2-3小時　費用：約50元

材料

火腿腳 ....4塊，250克
豬腳尖 .....12塊，約400克
冰糖 1湯匙
紹酒 ....¼杯
老抽 ....1茶匙(隨意)

吳瑞卿特意到九龍城的南貨店買來她認為不錯的火腿腳，適我又有一袋豬腳尖(肉行內稱豬趾筋)，一金一銀，正是好搭檔，就趁《食經》重現江湖之慶，按着特級校對的「金銀」式，做了這道金銀豬腳以為賀。很可惜現時坊間的火腿多數鹹而不香，鮮味更欠奉，而我還自作主張，嫌豬腳尖蒼白，又下了些許老抽，更影響了賣相，實是大煞風景！

準備

1 火腿腳在開水內中大火煮10分鐘，移出以冷水沖透❶，以刷子將皮上附着之頑漬擦清❷，挑出骨髓❸。

2 豬腳尖改去趾甲，拔去可見細毛，汆水後以冷水沖透❹。

火腿腳煮法

1 火腿置容量3公升鍋內，加水浸過面約1厘米 ，大火燒開後改為中火，不加蓋煮30分鐘，夾出至疏箕內，以冷水沖透後浸在冷水內，火腿腳湯留用，撇去肉糜。

2 放火腿腳回有湯之鍋內 ❷，中火煮30分鐘後，如上法沖冷。

豬腳煮法

豬腳尖放入另一較大的鍋內 ❶，加水僅過面，大火燒開後改為中火，加蓋煮30分鐘，移出以水沖冷 ❷，放回湯鍋內，大火煮10分鐘，再次沖冷，如是再多煮一次，再沖冷一次，留用。

燜法

1 豬腳尖湯和火腿湯撇去浮油，加火腿腳和湯在有豬腳尖和湯的鍋內 ❶，下冰糖、紹酒 ❷，蓋起煮至筷箸能插入為度 ❸。

2 繼續煮至汁液收乾為½杯 ❹，試味，如覺色澤過淡，可酌加老抽1茶匙（隨意），試味後上盤供食。

「正宗」難守

梅菜扣肉

一說到客家菜,自然會想到鹽焗雞、梅菜扣肉和釀豆腐。現時想吃正宗鹽焗雞,要預定,就算前三、四十年,正當東江菜盛極一時,店子現叫現賣的鹽焗雞,也不過是鹽水浸雞而已。用傳統方法,炒鹽去焗的版本,費時失事,怪不得要特別預定。但梅菜扣肉便不同了,因為店家可以大批預製,上菜時翻熱,所以至今仍流行不衰。至於釀豆腐,那就簡單得多了。

如果讀者有上網的習慣,一查便可得到數以百計的梅菜扣肉食譜,而食譜之為物,絕不是金科玉律,更不是一家之言,只能作為參考,各家各法,誰敢誇稱正宗?但要烹製一道膾炙人口的東江菜,不能離經叛道,總得像個樣。若從開始至完成,步驟不少,要登出全部圖片,恐篇幅不足,某些操作需多加解釋的,特以文字輔助。

選肉——現時購五花肉十分困難,多是肥少瘦多,而瘦的尤其乾韌,要選五花腩中部之一長塊約800克(或多些),但不宜用皮上有乳頭過韌的部分。

煮肉——煮肉時下些薑蔥酒,可去除豬肉的臊味。

煎或炸肉——是全部過程中最難處理的步驟。雖然煎或炸前已用毛巾將肉盡量吸乾,但肉本身仍含有水分,遇熱時水分掉下油中,不能相容,引起熱油四濺,如不及早防範,很容易被熱油灼傷,致生意外。比較穩當的是用煎法,一來省油,二來減低受灼風險。許多香港廚房雖然裝有抽油煙機,煎時仍不能掉以輕心,最好拿着鑊蓋護身擋油。

豬肉去膩——五花肉炸後要經過一重去膩的步驟,一般的做法是先用熱水沖淨,再用廚紙吸乾油分,但先師特級校對有一妙方,把肉放在濃普洱茶內大火煮片時,除上色外,一部分油脂會浮上水面,是很有效率的去膩法。

選盛器——做「扣」的菜式,盛肉的碗要與肉的份量配合,盛器太大,肉碼在碗內經燉軟後會瀉身,倒扣時便塌下不成形,最好是肉與碗之間很少空隙,肉方能穩固地扣出。方形碗扣肉到方形菜盤上;砵頭或圓碗則要扣至圓形菜盤上,以求形狀吻合。

選購梅菜——香港出產的梅菜王,勝在乾淨,而且芯多莢少,稍浸軟洗淨便可用。梅菜先在鑊內烘乾,加油和蒜茸爆炒,下糖、生抽和鹽,再加煮肉湯半杯,扣肉蒸後便會濕潤了。

填碗——填肉和梅菜入碗時要將空隙填滿壓實,方能順利將肉扣出,蒸至最後半小時將鋁箔揭去,讓蒸氣掉到梅菜上,製造較多的汁液。

花了這番唇舌,仍得按部就班,是否正宗?不敢說,又是否願意下這等工夫,悉隨尊便。Enjoy!

梅菜扣肉

準備時間：20分鐘　　煮肉及去膩時間：45分鐘　　蒸肉時間：2小時　　費用：70元

材料

五花豬腩肉............ 800克
青葱 ....1條，打結
薑 ....1塊，拍扁
紹酒 1湯匙
老抽 2茶匙
油 .... 2湯匙+2茶匙
普洱茶葉 2湯匙
梅菜 200克
蒜茸 1湯匙
鹽......................1茶匙
糖......................1茶匙
生抽 1湯匙
煮肉湯......................½杯

芡汁料

煮肉湯......................½杯
老抽 1茶匙
頭抽 1湯匙
麻油 2茶匙
生粉 ....½湯匙

在東江菜館點叫梅菜扣肉，比家製的油潤得多，吃下去雖然豐腴甘香，可是免不了內疚，像犯了瀰天大罪。如果你能親手烹煮，會吃得更安心，只要看到普洱茶面的一層油，你定然多吃一兩塊。

準備

1 小鍋內加入葱結、薑塊和紹酒，加水半滿，置大火上，燒至水開，放下五花肉 ❶，繼續燒水至再開，改為中小火，加蓋煮約30分鐘或至七成熟，移出。留煮肉湯。

2 冷水沖淨肉塊，以潔淨毛巾盡量吸乾水分，在肉皮上均勻掃上老抽 ❷。

3 置中式易潔鑊於中火上，鑊紅時下油2湯匙，放下五花肉，皮向下，改為中小火，慢慢煎至肉皮上色 ❸。

4 中鍋內下水半滿，大火燒開，撒下普洱茶葉 ❹，煮至茶濃，放入煎好五花肉，繼續大火，便見有泡沫及油浮在茶面 ❺，將肉轉側，煮約5分鐘，再轉至另一側面，亦煮5分鐘，最後將肉皮翻上 ❻，前後共煮15分鐘至四面均勻着色。移出以水沖冷 ❼。

5 是時將梅菜在水下洗淨，稍浸水，擠乾，切
  小粒 。置鑊在中火上，先烘乾梅菜，再下
  油2茶匙，炒勻後下蒜茸同炒 ，繼下鹽、
  糖和生抽，加入煮肉湯½杯，燒開後鏟出。

成形法

1 改齊五花肉成一長方形，肉皮向下，從短的
  一方起切片，約1.2厘米厚 ，整齊地碼在方
  碗(或圓碗)內 ，將多餘肉塊填在中央，加
  入梅菜，將四角填滿，不容有空隙，並將餘
  下的梅菜鋪在肉面，壓平 。

2 取一塊鋁箔，修成方形，每邊比方碗口大3
  厘米，蓋在碗上 。

蒸法

1 置蒸架在大鍋內，上放整碗扣肉，加水及方
  碗之鋁箔下 ，加蓋，大火蒸1½小時，揭
  去鋁箔，加蓋多蒸30分鐘，水燒至半乾時便
  需加入沸水補充。

2 移扣肉出鍋，以平碟蓋緊碗面，潷方碗中之
  汁液下另一碗內 ，再加入芡汁料拌勻，待用。

倒扣法

將大方形菜碗蓋在小方碗上，一手托小碗，一
手按緊大碗，迅速一翻，梅菜肉便扣到大碗內
，露出梅菜。在小鍋內煮好芡汁，從肉面淋
下，小心用刀稍挑開每片肉，讓芡汁流到肉縫
中，趁熱供食。

看「料理美食王」

榨菜炒肉絲

　　一向對「料理」這兩個字不存好感，它們總會令我想到日治時代的廣州，百業蕭條，街上行人冷清，只有日軍的關卡耀武揚威，和遍地飄揚的日式酒帘。兩個「料理」大字，與日本國旗的紅太陽相互輝映，我們這些天天在家中提心吊膽皇軍隨時來搜抓「花姑娘」的，都覺得心驚動魄。

　　人是善忘的，60多年後，香港的日本菜無處不在，年輕的一輩一窩蜂趨附潮流，實無謂向他們講這些不入耳之言了。但我這一個身經多次戰亂的老人家，不無感慨，所以初時在一電視台上看到台灣「料理美食王」這個中菜節目，便因為有「料理」這兩個字而產生自然的反感，立刻轉台。

　　其實我也太固執，正如英國人統治香港百多年，香港人都不是說了一口港式英語（當然也有人操純正的牛津英語）嗎？台灣在日本統治下40年，採用「料理」這兩個字，也不為過。一次偶然看到該節目中李梅仙老師的示範，竟有板有眼，乾淨利落，主持焦志方在恰當的時候作有意義的提問，使觀眾能明白其中的竅門。其他的幾位示範老師，有男有女，多時又會做些台式中菜，夾雜着台灣土話，對我來說，也是擴闊視野的另類見識。於是便天天依時收看了。

　　李梅仙老師是該節目多位示範老師中年紀最長的，擅長江浙菜，有30多年的教學經驗，看她的節目，大概真的有「禮失而求諸野」的感覺。從她手中，簡單地一下子便把菜燒好，節目到最後，總結食譜的分析；材料份量、烹調步驟、火候強弱都巨細無遺，初學燒菜也好，汲取不同經驗也好，只要用心跟進，自然有所裨益。以前常聽學生說，「在中國本土以外要吃湖南菜、四川菜、淮揚菜、江浙菜和福建菜，台灣的最正宗。」這句話不無道理。

　　香港烹飪節目的時間多在下午，正是我到馬會游泳的時間，很多時都錯過了。兩大電視台的示範時間奇短，五、六分鐘便完工，不若台灣的詳盡。最遺憾的是我們缺乏一位像焦志方這樣的主持，他不以食家或大廚師的身份亮相，而是親力親為，協助示範的老師送鹽遞醬，老師處理材料時他為老師看火燒水熱油，在分秒必爭時他能準確地把所需作料送到；而且不停持觀眾的立場發問，問得精警，間接或直接帶出老師的烹調秘笈。

　　這位台灣李老師不用味精，不下化學醃料，不偏重賣相，更不嘩眾取寵，擺在觀眾面前的是實實在在的地方菜式。台灣素有寶島之美譽，農產品鮮美，家禽肉類質素甚高，除了牛肉和高檔海味要從外面輸入，其他的食材都不假外求，所以示範節目都採用土產，也不像香港注重鮑參肚翅。

　　我在美國雖有很多來自台灣的學生和朋友，但對這塊地方仍覺陌生得很。從每晚七時至八時的電視料理節目中，我可以安坐家中，細心觀察台灣同胞的飲食風尚、豐盛的物產、多樣的調味料、不同的烹具，最主要的還是那質樸無華的家常菜，總離不開對久別鄉土的懷念。

　　下面是台灣烹飪老師的一道家常菜，10分鐘便完成了。

材料

台灣淡榨菜	1塊，約150克
豬水腱肉	250克
水	3湯匙
油	2湯匙
蒜	2瓣
紹酒	2茶匙
長形紅椒	1隻
麻油	1茶匙
葱白	1條

豬肉調味料

頭抽	2茶匙
鹽、糖	各少許
胡椒粉	⅛茶匙
生粉	2茶匙
紹酒	1茶匙
麻油	1茶匙
油	1湯匙

提示

台灣淡榨菜是真空包裝，在南貨店或旺角永安公司地庫食品部，有食緣等店子都有出售。

豬水腱是豬後腿中的一條直紋腱肉，每隻豬只有兩條，易切而嫩口，沒有肥肉，宜用於炒片或炒絲。

榨菜炒肉絲

準備時間：15分鐘（擱置時間另計）　費用：35元

看完李梅仙老師炒肉絲要打水的方法，便仿着來做了。聽過醃菜可能滲入有毒化合物，不敢妄用內地的榨菜。台灣出產的淡榨菜，在香港買得到，肉絲和榨菜絲都是粗切，不必慢工出細貨，家常菜式，快而好味已經夠了。讀者不要嫌它平凡纔好。

準備

1 豬肉剔去可見之筋膜 ❶，逆紋切薄片，約½
厘米厚，再切成½厘米寬的絲 ❷，放入碗內，
逐匙加入清水 ❸，攪拌至水分吃進肉內，方
行下第二匙，共下3湯匙擱置15分鐘，繼加
調味料拌匀 ❹，油下在最後。

2 榨菜洗去面上椒粉，切0.4厘米厚片 ❺，在
水下沖去鹹味，再切0.4厘米寬的絲 ❻。

3 蒜瓣、紅椒、葱白俱切細絲。

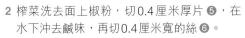

炒法

1 置中式易潔鑊於中大火上，鑊熱時下油2湯
匙，下蒜絲稍爆 ❶，放入肉絲鏟散至八成熟
❷，移出。

2 鑊內放下榨菜絲烘乾 ❸，肉絲回鑊炒動數遍
至完全脫生，灒酒，加紅椒絲同炒，最後下
葱絲 ❹，兜匀後下麻油包尾，撒下葱白，便
可上碟。

閒話豬肉

香茅乾葱焗豬排

一說到豬肉，便聯想起哮喘藥、抗生素，賀爾蒙催谷劑，最受影響的部分是內臟，雖然有食肆仍大賣及第粥、豬膶燒賣、枸杞豬肺湯、杏汁白肺等等，許多香港人已經不敢冒險吃內臟了。我多時會着外子或託朋友到city'super買美國豬肉或黑豚肉，甚至西班牙五花肉。但這不合經濟原則，自用則可，寫食譜時難以當真用來作食材。

所有肉類，不論牛豬羊，在美國都要經過陳化（aging）的階段，一定是冰鮮或急凍，罕有即宰即賣的。香港豬肉、牛肉和小量的羊肉，一離屠宰房便入街市，掛得琳瑯滿目，任客人指指點點，洋洋大觀。但這麼不入凍櫃，從清早掛至下午，如何保鮮？聽說有些肉檔會放肉入有防腐劑的溶液內一浸，再掛起來賣。我不敢想像這等事情會在歐美國家發生，只有亞洲人纔那麼執着吃現宰肉。中國人重視豬肉的程度簡直匪夷所思，甚至在防腐劑浸過的也在所不計。

奇怪的是，今日以食牛肉見稱的美國，開國以後，一向以豬肉為主要肉食。在1623年的美國東北的普利茅斯殖民地，只有6隻山羊、50隻豬和很多母雞，牛隻則要等到第二年才姍姍運到，主要用途卻是供應牛奶。豬肉當時是最合經濟原則的馴畜。那時美國地大，到處森林，農人把豬放到橡樹、榛樹、山毛櫸樹林中，春夏秋三季時，豬用自己的鼻子找尋掉地的硬果作食物，到了冬季，便被趕回豬圈內。農人在未宰殺豬前，會給豬餵食玉米，豬的肉因此養得比較結實，體重也增得快。美國人以豬肉為主要肉食的年代一直延到20世紀70年代，那時牛肉才取代了豬肉的領導地位。

很可惜現時地球人都要面對文明病，世界各國的豬都越養越瘦，乾若柴皮，就算名廚也束手無策。眼看着牛肉的銷售量比諸豬肉日見高升，美國豬業公會積極謀求對策，並向消費者提供烹調的方法，呼籲國人為了飲食健康，豬肉只要煮至華氏137度，便會嫩滑得多，但同時又不能低於這個溫度，因為豬肉不夠熟，裏面的旋毛蟲仍會引起感染。另一說認為豬肉煮至137度仍未全熟，尚存風險，起碼要煮至145度。西歐的豬肉卻飼養得宜，環境潔淨，往往可以生吃。

美國人吃豬肉，最主要是早餐的煙肉、肉腸和火腿，平日午餐和晚餐都是大塊大塊的去燒、焗、烤。超市上供應的生豬肉不外整條的豬柳、大片的豬排骨、重五六磅的豬背肉（即脢頭）、成隻的豬蹄，還有鋸成起碼半寸厚的豬排肉，烹調所需的時間往往過長，便產生肉質乾韌的問題。2002年4月，美國一位烹調名家Jonathan Reynolds在《紐約時報》上發表食譜，教人吃豬肉最好用焗的方法，而在焗前先要用淡鹽水浸泡一夜，豬肉吸足水分，焗起來便不會乾硬了。

用淡鹽水泡浸的方法，使我想到中國不同的菜系，處理豬肉的手法各異。我們大都不慣吃大塊的肉，多是化整為零，切絲、切條、切丁、切塊、切片、剁碎，而且在調味之先，「打水」在肉內，切好的豬肉與水的接觸面大了，便容易吸收水分，肉質變得嫩滑，再加上我們快炒的技術，在極短的時間內把肉炒熟，也可以蒸熟，怎能不可口呢？更有紅燒的方法，肉燜得軟腍，真的有溶在口中的豐腴甘香。至於粵廚下蘇打粉醃豬肉的風氣，又當作別論。

在超市見到澳洲豬肉、五花肉、排骨和一盤盤的加拿大冰鮮豬排，覺得價錢仍算公道，值得一試，不加考慮便每款都買來試用了。

香茅乾蔥焗豬排

準備時間：20分鐘（打水及醃肉時間另計）　費用：25元

材料

加拿大冰鮮豬排 ...3件約300克	
水 2湯匙	
蒜 ....2瓣，拍碎	
乾蔥 6粒	
香茅 2枝	
薑茸 1茶匙	
九層塔........1小束（隨意）	
油 3茶匙	

豬排醃料

紹酒 1湯匙	
生粉 2茶匙	
頭抽 2茶匙	

豬排調味料

茄汁 2湯匙	
喼汁 1湯匙	
老抽 ....½茶匙	
糖 1茶匙	
鹽 .... 少許	

我先試豬排，不錯，但我過去已做了洋蔥豬排，不宜重複。喜見露台自種的香草在豪雨後長得十分茂盛，拔了幾枝香茅，抓一把紅蔥，便做了下面的乾蔥香茅焗豬排，可算經濟實惠，簡單易做，味道濃郁，肉質鬆嫩，竟然一點不覺得買來的排肉是冰鮮的。

準備

1 豬排去骨 ❶，改去四周肥肉，切斷圍着排肉的白筋 ❷，使煎時不會捲起。

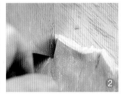

2 用鬆肉鎚兩面敲薄豬排兩次 ❸，或用厚背刀剁鬆。置豬排在深碟上，加水2湯匙拌勻，在每片豬排間夾入拍扁蒜瓣，包好放入冰箱內冷藏起碼2小時（若能放置較長時間，便更理想）。

3 香茅只取嫩芯，切薄片，在小坎內舂碎。乾蔥亦切薄片。

4 用前從冰箱取出豬排，棄去蒜瓣，將醃料調勻 ❹，先下⅓醃料在1片豬排上，蓋上另一片豬排 ❺，加入⅓醃料，蓋上最後一塊豬排 ❻，將餘下醃料加在豬排上，醃約30分鐘，當中翻面一次。

煎法

1 置厚身易潔平底鑊在中大火上，鑊熱時下油2茶匙搪勻鑊面，平排豬排成一層 ❶，煎至底的一面呈焦黃即翻面 ❷，再煎至兩面金黃時便鏟出 ❸。然後每片分切或剪成3或4小塊 ❹。

2 改為中火，下餘油1茶匙，加入乾葱片 ❺，炒至色呈半透明，下舂碎香茅和薑茸 ❻，一同炒香。

3 下調味料同爆 ❼，豬排回鑊 ❽，不停鏟動使每片均沾上調味料 ❾，鏟出供食。

吃粥

炒粒粒

我是吃白粥長大的。

我們一家住在江太史第時，老廚子光哥天還未亮便起床「煲」粥，用的是一個企身的大粥煲，一直煲到小孩子上學前，大家便有綿滑的白粥吃，肚子飽暖的歡天喜地去上學。我們那時不像現時的孩子好運氣，能吃到電視式的早餐，總是油炸鬼白粥的，各人只從自己的居所抓一把私房餅乾帶到飯廳，一口餅，一口粥，滋味無窮。星期天是吃有味粥的日子，由公家供給，小孩子都引頸以待。

那時家中的有味粥並不似現下粥店那麼多花樣，只是獨沽一味大豆芽豬紅粥，豬紅也是由光哥親自到屠場買回來，還是燙熱的。其實豬紅粥沒什麼味道，全靠大豆芽的清甜，我們吃慣了白粥，覺得這已是很難得的了。

我們一直吃白粥當早餐，到日人侵華，祖父帶着我們從廣州避到香港，仍是先吃了白粥纔上學。此後經歷多次戰亂，在內地再沒有機會早上吃了白粥方上學這回事了。到我在美國有自己的家，有女兒外孫住在附近，星期天是兒孫日，午餐要不是包餃子雲吞，便是吃有味粥。加省沿岸盛產比目魚，我到魚店購買清理好的新鮮魚，起了骨切塊，加薑葱、生抽、油拌好，便可「淥」在粥內。粥底是我早上煮好的，加入琪柱已夠鮮美了。我家附近的屈臣村（Watsonville），是香港人耳熟能詳的畢牌西生菜（Budd）主要產地，幾角錢一大包，撕去外面深色的老菜，露出新鮮無比的青翠綠葉，我們只挑綠色的切細絲，放在粥內，白色的中心可沒有菜味，不用。孩子們喜歡吃香脆的東西，有時女婿會開車到鄰鎮買油條回來，切片放在粥裏，這頓午餐真是皆大歡喜。

偶然我又會換換口味，吃小菜送白粥。廣東人沒有太多的花樣，小菜很簡單，都是現成的鹹蛋、皮蛋、腐乳、辣椒蘿蔔、肉鬆，不過最受歡迎的便是婆婆的「炒粒粒」。

「炒粒粒」是小孩子的恩物，因為七彩多樣的粒粒，拌在白粥內，風味和口感各異，食趣盎然。有一部分的粒粒，諸如叉燒、豆腐乾、冬菇、蝦米是固定的組合，但醃菜有多種：榨菜、梅菜、菜脯、大頭菜等可隨意選擇，蔬菜粒便要依着季節而變換了。可是孫兒們最愛的脆花生，那是絕不能少的。

說到白粥，台灣人卻叫清粥。記得我第一次從美國去台灣，學生都向我推薦台北的「欣葉」，說那裏的清粥和小菜是必吃的。抵達當晚，老朋友來帶我們先去聽歌，然後到欣葉消夜，朋友過分殷勤，點了該店著名的迷你佛跳牆和一些小炒，反而另一皇牌地瓜粥卻因為佛跳牆帶點湯又多膠質，再吃不下粥了。想吃小菜卻變了蚵仔煎、炒A菜和其他什麼的，吃不出什麼地方風味。此後我到台灣，總是陪着外子公幹，天天有學人朋友招待，身不由己，可幸有次我們住到台北火車站附近的希爾頓酒店，出門拐個灣便是一大堆小吃店，鱗次櫛比，我們晚上應酬後到那裏走一趟，纔知道什麼是台灣小吃！

往後我們在香港，星期天是菲傭的例假，但我們仍然守着吃白粥的習慣，小菜都是冷的，提前一天準備好，傭人則在晚上煮了粥，翌日我們自己從冰箱拿出來翻熱。小碟的冷食，花樣多了；有燻魚、鹹雞、五香牛腱、豬肉鬆、皮蛋酸子薑、鹹蛋、素燒鴨、拍黃瓜、辣白菜，紅燒菌類等，四時不同，甚至剩菜，都可以送粥，可謂洋洋大觀了。

炒粒粒

準備時間：30分鐘　費用：約35元

材料

叉燒	125克
花菇	4隻
蝦米	¼杯
菜脯	70克
豆腐乾	2塊
鮮玉米	½包
青豆角	10條
青、紅椒	各1隻
油	1湯匙+3茶匙
珠豆花生	⅓杯
蒜	1瓣，切片
鹽	¼茶匙
紹酒	1茶匙

就算那些可說得上是炒粒粒的固定配搭，但仍有例外。叉燒可代以燒鴨肉、豬肉或雞肉，青豆角可代以鮮毛豆、鮮甜豆仁、青豆仁等等，有冬筍時又可用以代玉米，鮮冬菇可代花菇，再加些切粒的杏鮑菇也不俗的。用來下飯也很可口呢！

準備

（所有粒粒均切成0.6厘米方丁）

1　冬菇浸軟去蒂，切成方丁 ❶，留浸水。

2　蝦米洗淨，以水浸過面，用前瀝出浸水留用。

3　菜脯洗淨，以淡鹽水浸約10分鐘，切方丁。

4　叉燒切方丁 ❷，豆腐乾先平片為3片，再切條，然後切方丁 ❸。

5　逐粒剝出玉米。青豆角去頭尾，切0.6厘米段 ❹。青、紅椒去籽切小丁。

6　珠豆花生置於圓形玻璃盤上，沿邊排放使中央留空，放入微波爐內，大火加熱2分鐘後，拌勻花生，照樣留空中央，大火多加熱2分鐘，移出 ❺，攤涼後去皮待用。

提示

本食譜所用微波爐之輸出功率為1000瓦特，請依閣下之微波爐調校加熱時間。

炒法

1 所成材料準備妥當 。

2 置平底小炒鍋在中火上，下油1茶匙，加入
花生，不停鏟動至每粒花生俱沾上油，便有
炸花生的效果。

3 置中式易潔鑊在中大火上，加入蝦米烘乾，
繼下油2茶匙，爆香蝦米 ❷ 下冬菇粒同炒
❸，加入浸菇水，煮至汁乾，再下豆乾，不
停鏟動，再加菜脯 ❹，最後下叉燒同炒透
❺，鏟出。

4 在同一鑊內下餘油1湯匙，爆香蒜片 ❻，下
玉米粒炒至熟 ❼，約2分鐘。是時加入青豆
角粒同炒 ❽，下鹽，沿鑊邊灑下浸蝦米水同
炒片時，然後將先前已炒備之粒粒回鑊，潷
酒，試味後下青、紅椒粒，鏟勻後便可上碟 ❾。

5 供食時撒下花生米在粒粒上。

粗料細做

豬耳沙律

　　南朝文學家江淹，名文通，以文采享譽多年。鍾嶸的《詩品》載他：「夢一美丈夫自稱郭璞，謂淹曰：『吾有筆在卿處多年，可以見還。』淹探懷中，得五色筆以授之。爾後之詩，不復成句。」故世有傳「江郎才盡」之説。

　　我這灶下廚娘江氏，為雜誌專欄供稿5年，能適合大眾的作料早已用過，又不想重複自己，捉襟見肘，苦索枯腸之餘，不禁大歎：「江娘材才俱盡矣！」

　　我固然可以自高聲價，非鮑參肚翅燕窩、魚子醬鵝肝和牛不用，但這不是雜誌的原意，也有違環保要義，多次想停筆放棄，結果我還是決定繼續寫下去。因為新來的印傭蘭美尚未熟悉沙田附近市場的情況，加以我要迴避一些可能引起不良反應的作料，買菜比以前艱難得多。我這個「珠璣小館飲食實錄」已成有名無實，我外食的機會既少，在家廚中亦難得宴客，實錄何來？

　　決定將專欄改名，以後內容或與以前略同，但從我個人來看，會覺得比較輕鬆。一星期七天中，總有一道飯桌上的菜式可以採用的吧！我不會再依照編輯的意願，作多方考慮，而是隨意選擇，能上得桌的，放在專欄內亦無不宜。菜式可能比家常還要家常，希望讀者能接納。

　　朋友送給我一袋健味豬的耳朵；我心中便想着應如何使用，拿了兩隻作實驗，試看這種平凡的作料能否上桌？記起在美國一位台灣朋友家裏吃過豬耳沙律，有點印象，適買備了白蘿蔔，便和蘭美一起動手了。

　　很久以前，當林勝倫師傅仍在金葉庭酒家主理廚政時，我們多時會渡海去品嚐他的好手勢。他的冷菜很特別，將粗的作料精製成十分可口的美食。我最喜歡他的滷水豬耳，幾隻滷豬耳疊在一起，壓平了切成幼條，擺得藝術化，口感有趣，軟硬兼備。我仿做了幾次之後，覺得豬耳以賣相取勝，味道只靠滷水，太費事了，興致漸減，十多年來再沒有做這種豬耳了。

　　豬耳沙律則甚少人做，我想總可以試一下吧！豬耳洗淨放入小鍋內，加水過面，下薑葱蒜酒中火同煮30分鐘，移出沖冷，再放回鍋內，加魚露、鹽和水1杯，中小火多煮20分鐘，移出放入冰箱內冷藏。

　　到切豬耳的時候，我的問題來了。我背痛後不能站立工作，坐下來切東西很不方便。蘭美説：「讓我來吧！」平日我還未訓練蘭美的刀工，這次就在無意中，竟然發現她很有潛質，切得非常精細。我教她切薄薄的長條，她切到豬耳的軟骨開始變硬時，她自動把硬骨片去，然後一絲絲細心地切。那真是我預料之外的喜悦，從此我不愁沒有助手了！

　　我也讓她切其他的配料。白蘿蔔切幼絲，以鹽抓勻，擱置後擠去水分。粉絲浸軟，以½杯雞湯煮至透明，瀝乾水後冷藏。其他配料亦切同樣大小的絲。把所有作料放在大碗內，加調味料拌勻便可。

　　這道實驗家饌，用的是粗料，嚐過的人都大為激賞，讀者可有興趣試試？

豬耳沙律

準備時間：煮豬耳45分鐘，切配料20分鐘　費用：15元

材料

豬耳	2隻約200克
白蘿蔔	150克
鹽	⅓茶匙
粉絲	1小把約20克
雞湯	½杯
鹽	少許
青紅椒	各1隻
青葱	4棵
油	2湯匙

汁液調味料

越南富國魚露	2湯匙
白醋	1湯匙
白糖	1湯匙
鹽	少許
麻油	2茶匙

第一次煮豬耳料

薑	1塊如核桃大小
乾葱	1粒，拍扁
蒜	¾瓣，拍扁
紹酒	1湯匙
水	適量

第二次煮豬耳料

魚露	1湯匙
鹽	½茶匙
水	1杯

提示

豬耳沙律着重口感，味道則全賴魚露，所以最好能用越南的富國魚露，味較泰國的鮮甜，以前中環「有食緣」有售，灣仔春園街成發號亦有售。

豬耳、蘿蔔、粉絲的顏色都非常近似，補救方法是在第二次煮豬耳時下些醬油，但這麼一來，其他配料的原來顏色便都染上醬油的顏色了。所以我最後決定照原定的做法，不加任何有色素的調味料。如果喜辣的，可以用小紅椒代甜紅椒。

準備

1 小鍋內放入豬耳、薑、乾葱、蒜、酒，加水過面，置中火上，煮30分鐘❶，移出以水沖冷。同一小鍋內放回豬耳，加水1杯、魚露1湯匙和鹽少許，置於中小火上多煮20分鐘，移出放入冰箱內擱冷。

2 白蘿蔔先切薄片❷，再切細絲❸，放在疏箕內以鹽抓勻，擱至身軟後擠去水分留用❹。青紅椒切同樣大小之細絲。蒜瓣切出3薄片，切成極細的絲，其餘用以煮豬耳❺。

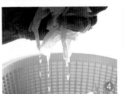

3 粉絲浸軟後以½杯雞湯和少許鹽煮至透明❻，瀝乾，剪成6厘米段❼。

4 豬耳從薄的一頭切起，成細絲，達到中間的
　軟骨變硬的地方便停 ❽，小心片去硬骨塊
　❾，然後切細絲 ❿。

沙律拌法

1 青葱切絲後放入滾油中燒至香氣散發便成葱
　油 ❶，移至大碗內，加入其他調味料，拌成
　沙律汁 ❷。

2 碗內先下豬耳絲 ❸，以筷箸挑散，再下蘿蔔
　絲、粉絲、青紅椒絲、蒜絲 ❹，繼續以筷箸
　挑散 ❺，試味後調整味料(如有需要)，放冰
　箱內冷藏起碼2小時使吸味。冷吃。

貴妃是誰？

在我的意念裏，「家饌」就是我家中飯桌上所出現過的食物：包括孩提時代我在祖父家吃到的好東西；成年後自己家庭傭人煮的家常餸菜；到美國學了煮飯後細心研究得來的成果；教學生燒的菜；為抗癌會義務上門到會的菜；更有在家中為討好兒孫歡心所準備的飯菜和點心。這些都是家庭中的飲食活動，與家外的飲食潮流掛不上鈎，可能只屬一家之饌而已。

為了訓練新來的印傭，要從烹調基本技巧教起。初時她對中菜作料的認識尚淺，對我家附近的幾個街市的情況還未熟悉，每天晚飯的菜式要視乎她買回來的作料而決定。幸而她很靈巧，又肯用心，經兩個月的操練，已中規中矩，可以幫忙食譜照片的拍攝了。

一天，她買回來五隻新鮮的雞翼。我回港定居快30年，以前是親自帶着菲傭上街市，也有一個時期由學生陪我去買魚鮮，直至行動不便後，只好靠傭人。媚姐常常給我買新鮮雞，但從來未見她提及有「水盤」新鮮雞翼這回事，看到蘭美買來白白胖胖的鮮雞翼，真是雀躍萬分。湊巧我教曉她認識了冬筍，便想起做道「貴妃雞翼」來享受一下。

貴妃雞翼的貴妃是誰？傳說靈感來自京劇「貴妃醉酒」，食譜源於20年代末期海派名廚顏承麟創制，本名「京葱貴妃雞」。在上海，則以梅龍鎮飯店的出品最為著名。其實這道菜是因用葡萄酒來燜雞而得名，說穿了，就是紅酒燜雞加上冬筍和冬菇而已。至於採用京葱或水葱，也因地域而不同。

貴妃醉酒的故事，家傳戶曉。楊玉環是唐明皇最愛的妃子，三千寵愛在一身。一晚，正是月圓之夜，楊貴妃在御花園的百花亭設宴等候唐明皇來同賞，但唐明皇卻到西宮梅妃那裏去了。貴妃深感被冷落之苦，無法自解，於是堵着性子而喝得酩酊大醉，吐得狼藉不堪。後來的廚子，凡用葡萄酒來燜的雞饌，便稱做「貴妃」什麼的了。

與廣東人的燜雞微有不同的竅門，貴妃雞或貴妃雞的任何部分，要在熱油中先行把冰糖炒熔下雞件同炒，這樣醬油的紅色可以鮮明地附在雞皮上，產生紅油赤醬的效果。最顯著的例子就是是山東江浙一帶紅燒肉的傳統做法。

是否一定要用紅葡萄酒來燜雞纔算是貴妃式呢？我認為未必！唐朝時楊貴妃那晚喝的是什麼酒，是否可以確定呢？如果為了顏色而用上紅葡萄酒，燜出來的雞反而會變瘀紅、近乎黑色，一如法國紅酒燜雞的賣相一樣。傳說和事實時常會有差距，很難證實。

今人烹貴妃雞，着重的是用較多量的酒來燜，管它是紹興酒、雙蒸酒、糯米酒、車厘酒，都無不可，用葡萄酒的人反而不常見。

貴妃雞翼

準備時間：45分鐘　費用：70元

材料

新鮮大雞翼	5隻約500克
油	2湯匙
薑	1塊約20克
乾葱	2顆
碎冰糖	2湯匙
紹興酒	½杯
雞湯	½杯
鹽	適量

醃料

頭抽	2湯匙
老抽	1湯匙
紹酒	2茶匙
花菇	6隻
冬筍	600克
糖	2茶匙
鹽	½茶匙
青葱	4棵
包尾麻油	1茶匙

雖然現下流行飲餐酒，但不是每家人都日常備有。為了做這道菜而去買一支紅酒，實是不划算。況且不是任何廉價紅酒都可用，法國人這麼說：「能飲用的酒方配用來烹調。」我們倒不如用香醇的紹興酒吧！

提示

此菜宜用新鮮雞翼，或可購嫩雞2隻，每隻斬出雞翼1對，雞腿2對，其餘2副雞胸和骨架，可留作燒湯之用。雪藏雞翼乏鮮味，風味頓失。

準備

1　花菇洗淨置小碗內，加熱水過面，浸至發大後，大者切為3塊，小者2塊❶，留浸菇水。

2　薑拍扁，乾葱切厚片，青葱去頭尾，切成4厘米段。

3　冬筍剝皮後切去筍頭，片去筍衣❷，先分為2半，然後切滾刀塊❸。

4　雞翼在與膊上關節相連的地方割開❹，把膊上的肉切出❺，分切上翼與中翼❻，每隻共切出3塊，共15塊，置於中碗內，加入醃料拌勻❼，擱置起碼½小時使入味。

5 小鍋內加水半滿，置中大火上燒開，加糖、鹽和筍同煮約5分鐘 ，移出瀝水，放在白鑊中烘乾水分 。

燜法

1 置鑊於中大火上，鑊紅時下油2湯匙爆炒薑和乾葱 ❶，至香氣散發時撥至鑊邊，加入碎冰糖在油中，鏟動至糖熔 ❷。

2 放雞翼下鑊，不停兜炒至雞塊着色 ❸，加入冬菇和冬筍一同炒匀，沿鑊邊倒下紹酒、浸冬菇汁和雞湯 ❹，鏟匀後加蓋 ❺，燜約30分鐘至雞翼全熟，汁液收乾至餘下¼杯左右 ❻，試味，可酌加鹽。

3 投下葱段鏟匀 ❼，下麻油包尾，不用勾芡，上碟供食。

無「雞」之談

醬爆雞丁

這麼多年來在香港生活，吃活宰雞是飲食的一大享受。

自1997年至今，香港因禽流感的威脅，三度實行大小通殺的政策，市民在無可如何的情況下，一次又一次啞忍，希望政府能早日制定可行的法例，既可保障雞販和雞農的利益，也可以維持廣大市民吃活宰雞的傳統。但歸根結底，既然禽流感的威脅仍在，中央屠宰是決定實行了。

上世紀50年代，從大陸逃到香港的難民，因鄉親的關係，人與人的交往比較密切，尤其異地重逢，常會互相探訪。那時隨時串門，不像今天要預約，遇晚飯時分，主人家一定會留飯。最大的人情就是「斬料」或「劏雞」加菜，飯桌上多放一雙筷子，以盡地主之誼。雞在聯絡情誼之中，擔當了重要的角色。

到了70年代，香港經濟起飛，生活方式也逐漸洋化起來，末經約定突然串門，已是擾人私隱，更談不上賴着不走了。在鮑參翅肚抬頭之際，雞的價值也日見低落。有一陣子，丹麥急凍光雞大量輸港，草根階層都吃得起了，但活宰雞在廣府人的飲食觀念中，仍然牢不可破。

自從科學養雞之風吹到，香港新界的養雞場做得有聲有色，初期注射荷爾蒙催谷雞隻長大，市上充斥着飼養期短、脂肪特多、外觀肥美、更用混入了魚粉的合成飼料、雞肉微帶腥味的「打針雞」。直到80年代中期，香港政府立例管制「打針雞」的停藥期，雞隻打針後40日內不准出售。那時大家都能分辨打針雞，最易識別的是在雞頭下頸部的地方，可以觸到成串的小粒，這些就是荷爾蒙的殘留。

香港人對飲食健康漸漸從食補食療走向營養，民間盛傳着荷爾蒙對人體的害處，諸如女性多吃打針雞，有引發患乳癌的風險；男性則會減少精子數量，甚至不育，政府迫得加強管制。值得讚許的是，本地雞農亦從善如流，減少使用荷爾蒙，這十多年來，香港人有幸可以吃到優質的雞了。

一般市民在急凍進口雞外，以同等的價錢，還可選擇從大陸引入經過檢驗的冰鮮雞。比較高檔的超級市場，更會供應好幾種標明宰雞時間的冰鮮雞，通常都是即宰即運港，鮮度較高，吃雞的機會比前更多了，肉雞成了廣大市民的主要食材。我在美國住了幾十年，已習慣吃冰鮮雞了，但活宰雞的鮮美，遠勝冰鮮雞，如有選擇，我是不會放棄吃活宰雞的。

記得先師特級校對說過，當張大千住在加省迦米爾時，他宴客的菜單上常有宮保雞丁一道菜，即當時人皆稱道的「大千雞」，所用的正是美國常見、到處有售、價格廉宜的冰鮮雞上腿。能將冰鮮雞腿烹出名馳中外的雞饌，其中一定有秘笈。當然調味和火候很重要，但不要忘記還有廚子優秀的刀工。腿肉必須去皮、出骨、剔筋、除膜，手續極繁。現時講求效率的一輩，怎肯用時間和耐心花在價值只不過30元的冰鮮雞上呢！

拿着一隻冰鮮雞，我想起朋友帶給我購自北京六必居的甜麵醬和黃醬，就做了一道濃味的醬爆雞丁。烹調看似簡單，但要雞肉嫩滑，經過的準備步驟一點不容易，其實就是一堂基本的練習功課，盡顯粗料精做的原理。

醬爆雞丁

準備時間：視乎操作者的刀章熟練程度　費用：約30元

材料

冰鮮雞	1隻
水	1湯匙
雞蛋白	2湯匙
生粉	1湯匙
鹽	少許
薑末	1茶匙
蒜	1瓣，切薄片
紹酒	1湯匙
裝飾用長紅辣椒	1隻
麻油	1茶匙
青葱	2棵
泡油用油	2杯

雞肉醬料

甜麵醬	2湯匙
黃醬	1茶匙滿
白糖	1茶匙
頭抽	½湯匙

這是北方家家戶戶的常菜，用的多是肉丁，主要的醬料是甜麵醬加一點黃醬，用一般的炒法完成。為了保護精心處理過的雞丁質感，用泡油法比較適合，以免雞肉炒得過老。一些全隻的冰鮮雞體積頗小，可加用胸肉，共需淨肉約300克。

準備

1 從雞大腿與雞身的關節下刀，先割出一腿，再割出另一腿 ❶。從雞尾開口處起斬下 ❷，至胸肉與雞翼之間的關節處用剪剪斷 ❸，淨用兩腿及胸肉 ❹，其餘部分留作別用。

2 取一雞腿，撕去皮，一直把皮反出 ❺，拉至小腿與腳踝之關節處便用剪剪斷 ❻。如法撕去另一雞腿的皮。切出。

3 胸肉先撕去皮，改淨脂肪 ❼，置於工作板上，沿鎖骨下刀，使肉與骨分離 ❽，剪去鎖骨，拉出兩塊胸肉，兩條雞柳先破膜後拉出 ❾，胸肉便分成胸骨1副，胸肉2塊，雞柳2條 ❿。

提示

1. 甜麵醬及黃醬可於南貨鋪購得。
2. 除膜剔筋要勤加練習方熟能生巧。如無耐心，或認為大可不必，去骨後可直接切塊，當然口感會不同了。

4 胸肉分切大小兩半，跟着片去厚膜 。大的
   另一半亦去膜。雞柳按着有筋的一頭在工作
   板上，用刀向前一刮，筋便移出 。將所有
   雞胸肉切成2厘米方塊，置碗內。

5 在大腿與小腿間的關節下刀，分開大、小腿
   。取一塊大腿，撕去外皮及可見脂肪，伸
   刀入腿骨內 ，向前向後割至骨之盡頭便切
   出。先除膜，後剔筋 ，切成2厘米方塊，
   放在有胸肉的碗內。小腿亦如法出骨去膜及
   剔筋，繼切塊 ，亦置碗內。

6 **醃肉法**：先加1湯匙水在雞肉內，拌勻後再
   加蛋白 ，用手擠勻 ，最後加入生粉，以
   筷箸拌勻。

7 葱只用葱白部分約10厘米，切粒。紅椒去籽
   切角。

醬爆法

1 置中式易潔鑊在中火上，加入2杯油，油熱
   時(約為攝氏150度)加入雞塊 ，不停鑊
   動至雞塊分離 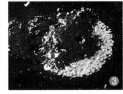，即倒出瀝油，留油約1湯
   匙在鑊。

2 先下薑末爆香，再下甜麵醬、黃醬和糖 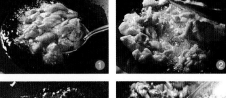，
   鑊至糖熔便將雞塊回鑊，快速鑊動至每塊雞
   均沾上醬料 ，下蒜片及紅椒塊，繼續快速
   鑊動，潷酒，加些許鹽、頭抽，試味後下麻
   油，並撒下葱花便可上碟。

家廚以煎代炸

黃
榆
鴨
片

　　自從香港取締了活宰鴨子，市面上售賣的全鴨，都經急凍，味淡肉薄而脂多，個子又大，難以在家廚烹製。有一次，我做一塊梅菜扣肉，也因為怕熱油濺傷，走避不及，本應用油把肉皮炸黃的，改了用煎法，同時鄭重其事的介紹了以普洱茶葉去膩的古方。

　　有時我會自問應否百分百遵照傳統方法呢？還是以飲食健康和讀者的家廚環境為依歸，把烹調的慣例簡化呢？

　　有些菜饌，菜名有一個炸字的，當然是要用炸法了，不能省略，也不能以其他烹調法取代。諸如炸子雞、炸生蠔、炸八塊、炸豬扒、炸蟹鉗、炸大排骨……等等，不勝枚舉。這種帶炸字的菜式，需用大量的油，可分清炸和酥炸兩種。清炸是燒熱油後投下炸物，因為油量大，油溫可以維持穩定，成品的質素得以保存。酥炸先要把材料掛上一重粉糊，炸至粉糊熟後變成一層脆膜，裹住內裏的水分，保持鮮度和口感。其他還有一些菜名雖沒說明是炸什麼的，諸如香酥鴨、紙包雞、甜酸排骨、咕嚕肉、松鼠魚等其實都是非炸不可的菜饌，換了煎法便大異其趣了。

　　但在什麼情況下，本應用炸法作為準備的步驟時，可以用煎法來代替呢？利弊又如何？都沒有一定的成規，視乎掌廚人的選擇和廚房的條件所決定。

　　比如做一道紹菜扒鴨，把鴨子先用油炸過的好處是：1. 保持外觀，在後來紅燜的階段中不致因較長的加熱時間而變形。2. 鴨子體積大，經過油炸已平均受熱，可以縮短後來熟成的時間，而且金紅的外皮封住鴨肉，減少了肉汁的流失，口感較為軟嫩。

　　但另一方面，鴨子放下一鑊熱油中，所含的水分與熱油互相排斥，引起大量的氣泡，以致熱油外濺，易生意外。不用說廚房需要清潔善後，那用過的油，又該如何處理？在酒家食店，炸油一下子便可用完，根本沒有貯存之憂。以香港的一般住居環境，廚房狹小，在操作與善後方面，都不容易，加上今日食油價格暴升，更宜可省則省。

　　換了煎法又如何？鴨子醃後吊乾，在鴨腔內插一支木杓以利轉動，下少許油在中式易潔鑊內，置於中火上，將鴨子逐部分煎至皮色金黃，一面煎一面轉動，煎至面面俱金黃為止。我們又可利用這些慢慢煎出的油來把鴨子煎好，不用另加油，這是最節省的辦法。但煎鴨時要全程守候，不能「跑開」，但也不表明這樣便安全大吉，油脂仍會濺出，只是份量少些而已。不過鴨子本身排出頗多脂肪，肉質較乾，在食味和口感上與炸法是有分別的。

　　其實我一家都愛吃鴨子，有家傳完全不需炸或煎的食譜，有用戶外烤爐燒的方法，也有在廚房內用烤爐以烤代替炸或煎的方法，不一而足。我對香港市上的急凍整隻米鴨仍然介懷，我反而喜歡用法國鴨胸，惜價錢太貴，偶然用一兩次尚可，但不想讀者覺得我太奢侈了，可幸超市也有大陸急凍的鴨胸肉，很便宜，就用來炒個鴨片罷！

黃榆鴨片

準備時間：30分鐘（冷藏時間不計）　費用：60元

材料

急凍中國鴨胸...	1包（300克）
水	2湯匙
蛋白	1湯匙
乾黃耳、榆耳	各30克
雞湯	1杯
冬筍/筍肉	75克
雪豆	16隻，撕筋
薑	1塊，切成薑花
蒜	2瓣，拍扁
油	約2茶匙
甘筍	1小段，切花
鹽、糖	各適量
泡油用油	1杯
紹酒	1茶匙
麻油	1茶匙

鴨肉調味料

蠔油	2茶匙
頂頭抽	1茶匙
胡椒粉	1/8茶匙
紹酒	1茶匙
糖	1/2茶匙
麻油	1茶匙
生粉	1茶匙

這是傳統熱葷「黃榆鴿片」以鴨胸代鴿肉的變奏。早一陣我做了一道「鼎湖上素」賀大師姐麥麗敏自宣畢業，餘下一些屬高檔的黃耳和榆耳，便用來配只值二、三十元的中國急凍鴨胸肉，可謂「妹仔大過主人婆」的荒謬之作。如想節省一點，可以用兩種或多種普通的培養菌代替。

提示

泡過鴨片的油，份量不大，可以放入小鍋內，置於小火上慢燒至沸，擱涼。另在碗上架起炸箬，加入廚紙墊底，把油倒進，隔去沉積雜物便得清油，可重用。

準備

1　鴨胸肉解凍，撕去外皮 ❶，片去可見筋膜 ❷，順紋分切大塊，每塊約4厘米寬 ❸，逆紋切薄片，約0.3厘米厚 ❹，置碗中，先加水1湯匙，攪拌均勻，待水吃進後再下第2匙，拌至水分完全吃進鴨片內，加入蛋白一同拌勻，冷藏起碼2小時再加入調味料。

2 黃耳浸軟後分撕成塊，用小刀切去底部硬物 ❺。

3 榆耳亦浸軟，修去附着之泥塊，斜切成小片 ❻。

4 黃耳、榆耳分別汆水，各以蒜瓣半片、油少許爆透，各加雞湯半杯和糖、鹽煨好後瀝水。

5 冬筍/竹筍切長方形片，約0.4厘米厚塊 ❼，汆水後白鑊烘乾 ❽，鏟出留用。

炒法

1 中式易潔鑊置於中大火上，下油1杯，爆香蒜瓣 ❶，是時從冰箱取鴨片，用筷箸挑散，待油溫熱至約為攝氏120度時，加入鴨片鏟散，便即倒進架在大碗上之疏箕中瀝油 ❷，留油約1湯匙在鑊。

2 加蒜瓣及薑花稍爆，先放下黃耳、榆耳同炒 ❸，繼下雪豆和甘筍片，兜炒數遍，加鹽、糖調味，將鴨片回鑊 ❹，灒酒，一同炒勻後試味，加麻油上碟。

學「問」

泰味鴨舌

　　我們都有好奇心。今天面對浩瀚的世界性知識網，總會有不明白的地方，於是發問。但我們要懂得問，知道問什麼，向誰問？如果我們只知每事問，問得沒有意義，或找錯對象來問，那比問道於盲還要糟糕。現今的演講會後常有答問這個環節，台下聽眾發問，台上的講者以專家的知識和經驗去答，問的若是風馬牛不相及的問題，台上講者的為難，不言而喻。但若問者善問，答者善答，問道而得聞道，加以消化、吸收、實行、並且發揚而流傳下去，是問者天大的福氣。

　　「不恥下問」是求知的寶鑑，我們應常常放下自己，事無大小只要有意義的問題，都可以向他人請教，只要能夠問得準，問得適當便有所增益。假如輕易找到答案的問題，不宜多問，應自己先做齋課，在書本或圖書館找尋答案，以免浪費他人的寶貴時間。

　　說到燒菜，許多職業廚師的食譜，別人仿效不來，就算食譜非常詳細，自首至尾都交代清楚，但調味和技巧，來自個人的獨特經驗，由不同的人來燒，仍然會和廚師燒出來的，很有分別。所以越是名氣大的廚師，越不怕受問，有好的問題嗎？即管放馬過來！

　　現時名重香港食壇的名廚李煜霖，最肯和食客分享烹調心得。在他未受國金軒羅致之前，我常光顧他的私房菜館，遇有烹調上的問題，他都會一一為我解答，有時請他來家中到會，他也讓我站在旁邊觀摩，絕不介意，我因而學到了不少竅門。其實藝高人膽大，就算他收了徒弟，單是他的刀工，夠你學足一世了。

　　作為烹飪老師，任重而道遠，一面要答人家的問，一面要不住充實自己，才可以勝任愉快，遇到有意思的問題便不能推搪，否則未盡為師之道。但個人所知極其有限，故只能竭力為學生解難釋疑。許多讀者都說我的食譜好用可靠，我認為未必盡然，至少，還有更好的尚待發掘。人總有弱點，不能事事完美，不逮之處，仍須求教於高明。遇有疑點，我會找出重心來問，點到即止，絕不窮追猛打，以留有餘的地步，也讓自己有思考的空間。所以，烹飪老師除了「答」問外，還要學「問」。

　　具高度自信心的廚師，最不怕人問，我生平所認識有名氣的廚師，不論中西，大都平易近人，有問必答，因此獲益良多。舉個例子：最近在尖沙咀福臨門嚐到一式「XO醬水葱炒鴨舌」，味豐腴，有層次，質脆嫩，享受高。很想試烹，但我從未用過急凍鴨舌，不敢亂碰亂撞，經理梁保先生說大師傅先將鴨舌在白滷水內浸入味，纔不會本身無味只有外來的醬味。

　　這提示一語中的，我得到了啟迪，豁然開朗。更記得三藩市前翠亨村行政總廚衛志華有一道泰味魚露蝦，浸蝦的滷汁包含各式各樣的泰國香料，濃郁雋永，於是靈機一觸，便仿着調校一鍋泰味滷水，投入鴨舌，放進冰箱內冷藏過夜，再用自家手舂的馬拉盞去炒，成菜便脫離了兩家廚子的框框，自成一格。

　　下面的食譜是我問後思考的結果，供給資料的兩位廚子如果試到這道菜，恐怕也找不到蛛絲馬跡呢！

泰味鴨舌

準備時間：1小時(冷藏時間另計)　費用：100元

材料

急凍鴨舌	600克
油	3湯匙
鹽	少許
乾葱	4粒
蒜	2瓣
指天椒	2隻
蝦米	¼杯
蝦膏	1茶匙
紹酒	2茶匙
金不換	數瓣作裝飾

泰味滷水材料

水	4杯
香茅	3條，拍碎
芫荽（連頭）	30克
唐芹	1條，切段
金不換	20克，原枝用
指天椒	2隻，原隻用
生薑	30克，拍碎
蒜	2瓣，拍扁
乾葱	2粒，拍扁
魚露	½杯
鹽	2茶匙
糖	2湯匙
西檸檬	1個，切半

鴨舌要去骨，手續頗繁，要有耐性，也要先煮至合適的軟度方能把骨頭褪出，煮過了頭，鴨舌又易爛，小心為要。

準備

1 除檸檬外，將各種滷水料放入鍋內，煮約20分鐘，擱涼後榨下檸檬汁，連皮放入冰箱內冷藏待用 ❶。

2 鴨舌沖淨，放入中鍋內，加水過面約5厘米，置於中火上，燒至水開時，改為中小火，加蓋，煮25分鐘至全熟，但不可太軟。以水沖冷 ❷。

3 鴨舌出骨法：
(a) 取1條鴨舌，用小刀片去有毛和有骨的白色部分 ❸。

(b) 把鴨舌一拗，便分為大小兩半，露出舌內骨頭 ❹，拉出連着骨頭的小部分後，將之棄去。

(c) 一手拿着鴨舌，用另一手之大拇指從大的一頭伸入，用其他手指幫助，慢慢韌力將舌內主骨拉出 ❺，便成去骨鴨舌 ❻。

4 將泰味滷水倒經小疏箕 **7**，進入一有蓋大碗
  內，加入去骨鴨舌 **8**，蓋起放進冰箱內醃過
  夜使肉質爽結並入味。用前在滷汁中撈出瀝
  乾。

5 乾葱、蒜瓣、指天椒切片，放入臼內舂碎成
  茸 **9**。蝦米浸軟切碎 **10**。

炒法

1 置中式易潔鑊於中大火上，下油3湯匙，加
  入葱、蒜、椒茸 **1**，慢火炒至金黃色並呈半
  透明 **2**，繼下蝦米碎同炒 **3**，至香氣散發時
  下蝦膏一同炒香 **4**。

2 倒下鴨舌 **5**，不停鏟動至鴨舌與醬料和勻
  6，灒酒，下少許鹽調味，最後加入金不換
  上碟供食。

粵菜的「餅」

撇開點心小食的餅不談，廣東人在菜饌上有很多以餅為形的菜式，可大別為三類：肉餅、魚餅和菜餅，每一類都有一定的做法和形狀。

六七十年前的商號，大多在店內供給「伙記」兩餐，有些還供住宿。老板僱用「伙頭」時必加以考試，三條試題之一是蒸肉餅。不要以為蒸肉餅是很簡單的事，廚子有沒有板斧，一考便知。因為只有豬肉，要蒸得嫩滑而不失原味，是整碟菜的主要條件。廣東人蒸肉餅的花樣很多，鹹蛋、鹹魚、冬菇珧柱、土魷、各種醃菜，都給肉餅添上不同的風味。也有牛肉餅，用料有異，竅門不同，這兩種肉餅，是在深碟內把碎肉攤開一大片，可說是餅之大者。

魚餅是用魚鮮剁碎做成的餅，煎的居多。最普通的是用鯪魚作主料，攪成魚膠，煎成一大片的魚餅，分切成條，用來煮菜。將魚膠拌入些蝦米、冬菇、臘肉，擠成丸子，放在鑊內，用鏟壓扁成小型的圓餅，慢火煎香，是十分適口的下飯或送酒小菜。鯪魚在春末夏初開始有泥味，這時可用鮫魚、牙帶魚及其他白肉帶膠的海魚。近乎西式的魚餅用的是三文魚，切碎後加入雞蛋、麵包糠、香草、續隨子（capers），做成厚約1½厘米高、直徑5厘米的圓餅，兩面煎得香脆，內裏多汁，可以夾在餐包內，風味像吃漢堡包。

鮮蝦去殼洗淨，吸乾水分，用刀背壓碎，下些蛋白和鹽，打成蝦膠，可以隨意加入其他粒狀的材料：諸如馬蹄、火腿粒、香草粒，混成五色多彩、煎香了像棋子的蝦餅，頗有趣。蟹餅是用蟹肉加了雞蛋、麵包糠、芫荽蔥，煎成厚厚的圓餅，成本高，手續繁，有朋友來訪留飯，也不失為好菜。

數了這麼多的餅，不能少了菜餅。若干十年前，香港街頭仍見小販推着小車，架起油鑊，旁置一盤粉漿、一盤蘿蔔絲，小販手持一個長柄的圓形鐵模子，先放些蘿蔔絲，加粉漿，吊下熱油內炸香。小孩大人冒着呼呼北風，圍着瑟縮等候，蘿蔔餅是盛在紙角內的，加些辣椒醬，其味無窮。又有韭菜切碎加粉漿、小蝦米、肥豬肉，是不炸而煎的餅。這些只是個人的街頭記憶，惜此情不再。

在家廚做菜餅，多仗地下的球莖蔬菜，四時不同：蓮藕、芋頭、馬鈴薯、茨菰，可以磨碎與肉類拌合，像肉餅一樣攤成一大片去蒸，也可以放下鑊內，煎成獨立的圓「餅」。夏天吃蒸的菜餅，但冬天吃煎或油炸的份外禦寒，加進各種臘味，外皮酥脆、中心軟糯，甘香可口，雖是家庭菜式，但極合時宜。

早幾年歲末，我曾給讀者介紹了煎茨菰餅。近日天氣嚴寒，適魚農朋友劏了八條鯇魚送禮，把魚腸都留給我。他的鯇魚是有機飼養，捕後餓養吐泥，魚腸乾淨異常，我決定用來煎芋餅了。偶吃臘味，增加節日氣氛。魚枮上的魚腸十分肥，清洗時要把腸內一層衣撕去，還要用醋抓洗一下方能盡去腥味。

魚腸煎芋餅

準備時間：50分鐘　費用：30元

材料

芋頭 400克
肥臘肉 100克
魚腸 .... 1杯（洗淨計）
鹽 1茶匙
白醋 2茶匙
薑 .... 1塊，約核桃大小
青葱 2棵
芫荽 1棵
大雞蛋 1隻
生粉 2茶匙
胡椒粉 .... ¼茶匙
鹽 .... ½茶匙＋少許
糖 1茶匙
紹酒 2茶匙
麻油 1茶匙
油 2湯匙

近年懷舊風起，魚腸成了熱門菜饌，很多酒家都大賣雞蛋焗魚腸。領教過整砵蒸好的魚腸放下油裏炸香表面，油兮兮、滾燙燙的端上桌來，我看了也不敢下箸。既然有現成的「正」魚腸，何不弄個煎芋餅來應景？我只下了些許肥臘肉，已是甘香無比了。

準備

1 魚腸撕去肥油和魚肝，肝留用 **❶**。剪開魚腸 **❷**，先用鹽抓洗，加些白醋去腥，拌勻後沖淨，瀝水，剪成6厘米段，放在碗內 **❸**。

2 臘肉去皮切小粒 **❹**，青葱、芫荽亦切小粒 **❺**。芋頭去皮，在大碗內磨下芋茸 **❻**，加入雞蛋、鹽½茶匙拌勻 **❼**。

3 薑磨碎,榨汁至魚腸內 ,加入生粉、紹酒、胡椒粉、麻油、糖、鹽少許,與臘肉粒一同加入大碗內之芋茸拌匀 。

煎法

1 以容量¼杯的量器,盛出芋茸料成餅狀 ❶,排芋餅在厚身平底易潔鑊內,置於中小火上。

2 待鑊熱時沿鑊邊下油1湯匙,以小鏟壓平芋餅使體積增大至直徑約為6厘米 ❷,改為小火,耐心煎至底部金黃 ❸,需時約5分鐘,將芋餅翻面,下餘油1湯匙,再煎至兩面金黃 ❹,芋餅中心全熟 ❺,便可鏟出供食,共做10個。

過年雜憶

寒流持續，瑟縮在家，每事畏首畏尾，團年開年，都是馬虎過去，加上印傭頸椎骨刺發作，不能操勞，幸能請得別家的傭人來幫忙，算是徹底大掃除一番，蒸好兩盤糕，煮了一大鍋過年齋，如此而已。

雖然陸續有朋友和親戚來拜年，我們的長輩只得琬英十七姑姐，今年繩宙弟把姑姐接來我家，連同他的兒孫，江家四代同聚一堂，這是我不良於行後，在自己家中與家人見面的第一遭，談談笑笑，何等開心！

宙弟記性奇佳，又能言善道，更有姑姐唱和，我們自然又說起往日過年的快樂時光，宙弟的長子江顯宗在香港出生，不曾在廣州河南江太史第生活過，我們在他父子面前大談舊事，他們聽得口呆目瞪，我們做長輩的也樂得讓後輩知道一二。

我們孩提時拜年有一定的禮節，長幼有序，男的拱手打躬，女的斂衽作揖，恭喜長輩萬事勝意，身體健康，長命百歲。我和哥哥由母親的近身捧着福州漆盤，帶着我們逐一到祖母們的居停請安拜年，接受利是，直到祖父午後起床了，叔伯們已一一返家，我們按着輩分，向祖父行禮，我們要守規矩站在祖父的左下方，深深請安，接過利是方敢離開。

年初一是家人相互拜年的日子，到了年初二輪到近親接踵而至。我們最興奮的是李家誼嬸嬸帶着她的兒子到來。祖父早年與李福林將軍結為八拜之交，李家的四少爺是祖父的誼子，他結婚後即隻身赴美國留學，兒子生下來多年，尚未見過父親。我們都稱誼嬸嬸為契嬸，她身為江家的契少奶，穿起褂裙，小小年紀的兒子，則戴上瓜皮小帽，長衫馬褂，近身挽着金漆雙格籃，尾隨在後，他們先向祖父斟茶，行跪拜之禮，然後續向各祖母逐一斟茶跪拜。我們像看戲一樣，高興無比。

我們緬懷往事，正在說得興高采烈時，忽然記起剛收到朋友傳來登載在文匯報有關先師特級校對寫波經所用另一筆名「大天二」的文章，我立即印出來讓姑姐和宙弟分個清楚。作者亞杜以「天九牌」釋名，但搞亂了。

天九牌是傳統賭具之一，可分「打天九」和「推牌九」兩種玩法，牌分文武子，依大小排列如下：

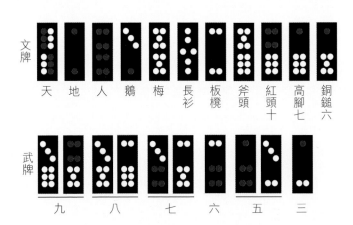

文子：天、地、人、鵝、梅、長衫、板櫈、斧頭、紅頭十、高腳七、銅鎚六
武子：雜九、雜八、雜七、雜五、三點和六點兩牌合稱「至尊」

文子方面，「天」可打「地」，「地」可打「人」，天是12點，地是2點，人是8點，天最大，地第二，都可以打排行第三的人，是故同是2點的天（若減去10點計算）和地都可以打人。「大天二」者，是專「打人」、威風八面的江湖好漢。陳夢因先生以「大天二」筆名寫波經，形容自己為此中之「架勢堂」人物，「特級校對」是總編輯的自謙，而「大天二」卻是自負之尤。

至於推牌九，不需鬥智，是賭博，由文武子組合，計點數大小，亞杜説凡與「天」組合的2點，比任何組合的2點為大，所以稱為「大天二」，此是另一説法，不敢否定。他又説大天二是戰前民初橫行於珠江三角洲的惡霸，時代不確。「大天二」出現於日人佔領廣州之後，有正邪兩面，一面在三不管地帶做土皇帝，幫助難民逃離淪陷區，收取「保護費」，而另一面亦暗地為國軍打游擊，聲東擊西，神出鬼沒，日軍防不勝防，也忌他們幾分。我在香港淪陷後回內地繼續學業，曾付保護費受大天二掩護，在月黑風高之夜，偷渡至三水自由區，故略知一二。

亞杜所列之大天二名字，頗有錯誤。民初時之劉發兒、袁蝦九、羅雞雄是綠林人物，並非大天二。至於南海之李福林，也是綠林中人，因受孫中山號召，獲頒將軍之銜，他的手下稱福軍。河南通達我家之門樓，都由福軍把守。亞杜説番禺之李朗雞，又名李燈筒，是大錯特錯，李燈筒該指李福林，他初出道時藏燈筒於衣衫內假裝槍械，唬人聽命，後來索性稱自己是李福林號登同了。李朗雞名李輔群，曾落水為大漢奸，廣州光復後被收監多年，解放後就地正法。

如將亞杜的資料作為掌故，則「大天二」一辭，以訛傳訛，不符珠江三角洲的集體記憶。在此更正，無非為先師釋筆名，而我以年邁，閱歷較豐而已，還希亞杜原諒。

材料

小鯇魚尾	2條
魚頭	2個
魚腩	2塊
青葱	4棵，切5厘米段
薑	1大塊約核桃大小，切片
乾葱	1顆，拍扁
油	3湯匙 +2茶匙
水	2杯
麻油	1茶匙

調味料

紹酒	¼杯
上好頭抽	2湯匙
老抽	2茶匙
糖	2茶匙
鹽	少許

下巴划水

準備時間：30分鐘　費用：45元

新春獲贈有機小鯇魚兩尾，家中兩個冰箱早告滿載，只好趕快趁魚鮮活，做了一道魚下巴和划水部分的紅燒菜，以示年年有餘，有首有尾。這本是上海菜式，味濃而甜，與廣東人口味頗有距離，我燒菜時下油、醬油和糖都忍着手，自然不夠正宗，就請當是家常菜吧！我用的魚較小，市上出售的鯇魚大得多，一條魚的頭尾和半邊魚腩已夠了。

準備

1　鯇魚去鱗洗淨，魚尾從中央主骨斬為兩半 ❶。清除魚頭內之魚鰓和紅色瘦肉 ❷。從魚眼下3厘米處下刀，斬去下部，留下巴。刮去魚腩內之黑膜。

2　置中式易潔鑊於中大火上，鑊熱時下油2湯匙搪勻鑊面，改為中火，排下魚塊，待魚煎至離鑊、下面金黃 ❸，方可鏟動，以免魚皮脫落。

3　將魚塊翻面，耐心再煎一會，至兩面金黃便移出 ❹。

4　下油1湯匙，加入魚頭，有魚眼一面向上 ❺，如上法煎至兩面金黃 ❻，鏟出。

紅燒法

放鑊回中大火上，下2茶匙油，投下薑片，稍爆後加入乾葱及青葱段，鏟動一會，潷酒，倒下兩種醬油和糖 ❶，加水2杯，燒開後加入所有魚塊和魚頭 ❷，下些許鹽，蓋起 ❸，煮約10分鐘，將魚翻面，煮至上色，汁液收乾為一半，試味後下麻油包尾上碟 ❹。

小魚文化

1984年外子到德國海德堡 IBM 作為期6個月的研究。對我們來説，週末從居所出發，最快捷的要算到法國的亞爾塞斯一帶，到里昂也不過兩三小時的車程，這正是因利乘便遊食四方的好機會。深秋天高氣爽，精神舒暢，我們早訂好了在里昂近郊 Mionnay 亞倫雪飄 (Alain Chapel) 的三星餐室的位子，夫妻二人，又欣然上路。

烹調之道，高深莫測，不一定要珍貴作料方能彰顯名廚的身份，微如小魚尾尾，也可以大顯功夫。亞倫雪飄的炸小魚是遐邇馳名的，許多食客都慕小魚之名而來。雖是餐前敬菜，但不比他的大菜遜色；小魚在大盤子中疊起一堆，旁伴炸菠菜葉，小魚加了香料拌好，炸得外脆內嫩，輕輕咬下去，馥郁香酥，還淌着汁液，我仔細品賞，捨不得一口吃掉。雖然其他的菜式都美味異常，但炸小魚的滋味，一直活在我今天的記憶裏，而亞倫雪飄早已去世超過20年了。

後來我們和女兒一家坐郵船遊地中海，先在西班牙巴塞隆那玩了3天，看古蹟，逛市場，魚檔子的鮮魚雖不像香港養在箱子中游水的，但明亮照人，品種繁多，引得我煮興大發，但身為遊客，只好徒呼荷荷。幸而我們還可以日中吃西班牙酒吧小食 tapas，晚上到世運舊址改建的海鮮美食區，大啖海鮮，必點的的炸小魚，大大的一盤，吃得我們愜意非凡。回酒店途中行經炸小魚的攤檔，在晚風中飄着誘人的魚香，我們意猶未足，總會買一包邊行邊吃。

南歐北非的國家都有叫做鯷魚 (anchovy) 的小魚，長約5-7厘米，顏色青灰，魚身中央有一條銀線，春天魚汛來時，滿海都閃起片片鱗光，拍拍有聲，小魚成群迅速弋游，蔚為奇觀。在葡萄牙和意大利，這些小魚捕後多數醃成鹹魚了，家家戶戶都在魚季把小魚用鹽醃好，盛在瓦缸或玻璃瓶內，整年可用，這就是我們吃意大利菜時嚐到的鹹魚柳。北非的摩洛哥今天是罐裝鹹魚柳的主要產地。

香港的小魚有兩種：一是白飯魚，用來煎蛋是家傳戶曉的好菜；另一是和歐洲差不多的鯷魚，有季節性，魚汛來時十塊錢可買到一小盤，但這種低價的小魚，上水即死，保鮮度低，可遇不可求。漁民聚集的大埔和鴨脷洲街市，往往在下午漁艇回港時他們會來擺檔販賣。我們找到這些銀光閃耀的新鮮小魚，買回家剪去頭和魚肚，撲了粉炸香，其味無窮，把什麼海鮮都比下去了。

在東南亞，鯷魚是魚露的主要原材料。在越南最南的小島富國，是越南第二大的魚露產地，鯷魚的產量甚豐，主要是加鹽醃製，經過多次發酵後便可抽取魚露，像我們的豉油一樣，有分頭抽、二抽和更低一級的雜抽。在印尼，鯷魚是三巴 (Sambal) 的原料之一。在馬來西亞怡保西岸的 Pangkor 島，是小鯖魚的生產中心，漁民每天出海捕魚兩次，因為小魚不耐活，所以立即在船上用海水煮熟，拿到岸上就地曬成鹹魚乾。土人吃小魚的花式很多，炸香和花生同炒，加辣椒和乾葱，是很普遍的小食。在韓國和日本，這些小魚乾可以用來煮湯，作用與木魚乾一樣。

在香港的鹹魚店和海味店，終年都有小鹹魚供應：曬乾的白飯魚叫白鮹乾，鯷魚乾叫銀魚乾，説貴不貴，説平不平，家常小菜可用薑汁酒、豉油糖，加些油放在飯面蒸熟的小魚乾，很能下飯哩！

炒鹹魚

準備時間：15分鐘　費用：約25元

材料

白色小鹹魚.............	75克
油.........................	4湯匙
揀淨綠豆芽..........	350克
薑...............	1塊，約20克
蒜............................	2瓣
長紅椒....................	1隻
小紅辣椒.................	2隻
糖、鹽..................	各少許
青葱......................	2棵
大地魚茸 .....1湯匙(隨意)	

先師特級校對的《食經》內，有炒鹹魚這道菜，用的就是白鮹乾。朋友黃慧華是馬來西亞華僑，她常帶給我小鰻魚乾，學生麥麗敏又從新加坡帶了當地浸發的豆芽來。趁着豆芽新鮮，肥肥胖胖又乾水，我記起了以前做過的炒鹹魚，便再做一次了。很可口。

準備

1　小鹹魚用水稍沖，抖去多餘水分，攤在雙層廚紙上成一層，晾乾。(目的是減去鹹味，若用白鮹乾，則不需經此步驟。)

2　芽菜摘根洗淨，瀝乾水待用。長紅椒、小紅椒去籽後切細絲。薑去皮，切細絲。蒜和青葱也切細絲。❶

提示

白鮹乾小鹹魚最合此食譜之用。炸香大地魚茸可自製，在鏞記及一些麵店亦有供應。

炒法

1 置鑊於中大火上，鑊紅時下油4湯匙，油熱時將小鹹魚放下油內 ❶，改為中火，不停鏟動至小魚炸透，色呈金黃，移出至疏箕內瀝油 ❷，留油約1湯匙在鑊。

2 先下薑絲爆香 ❸，繼下蒜絲，加入芽菜 ❹，不停鏟動至開始脫生 ❺，便下鹹魚一同拌炒 ❻，繼下兩種紅椒絲 ❼，加少許鹽、糖調味，最後下葱絲 ❽ 一同鏟勻上碟 ❾，如用大地魚茸，可於是時撒在芽菜上，供食時拌勻。

什麼是美式中菜？

香港政府在一片清拆聲中，同時又打起保育古跡的旗幟，讓灣仔聖佛蘭士街12號的一座58年的唐樓業主，將它改建成為一家以「美式中菜」為號召的飯店，漆上大紅的牆，嵌了綠瓦，看來真有美國唐餐館之風。店名一個「鑊」字，十足美國華僑在小城開設、以什麼鑊為名的小店。

我移民美國已45年，目睹中菜在美國的變遷，感慨良深。最近接到前舊金山華廚訓練班創辦人梁祥師傅來電話，說傳統中菜日走下坡，行內又互相惡性競爭，因價就貨，外國食客都轉向口味較濃辣的東南亞菜了。加以近年在大城市近郊更興起了由外國人經營的美式中菜快餐店，如不及時挽救，前景堪虞。

說到中菜在美國的祖宗，該歸功於1860年飄洋過海的廣東台山縣的勞工，在美國建築橫貫鐵路，完成後留下來，藉着僅有的燒飯本事，開起中餐館謀生。他們未曾受過任何訓練，也沒有太豐富的飲食經驗，所以初期的中菜十分簡單，賣的只是他們日常的飯菜。之後從小鎮發展到大城市，大賣老華僑所創的「竹升菜」。

我初到美國時，紐約唐人街的餐館都一律供應這種竹升菜，初以炒雜碎和炒麵為首，繼有甜酸肉、燒排骨、叉燒；雲吞湯、粟米蛋花湯；炸雲吞、炸春卷；蘑菇雞片、杏仁雞丁、炸雞；西蘭花炒牛肉、牛肉豆腐；香酥鴨、鍋燒鴨、燒鴨；煎大蝦、炒蝦仁、蒸魚、炒帶子、炒蟹、炒芙蓉蟹等等菜式，更有各式炒麵、炒飯、炒粉。當時最名貴的要算炒龍蝦和炒士的球，但除了一兩間酒家會賣魚翅外，其他的餐館都不採用傳統珍貴海味。

在盛產大螯龍蝦的美國東北部新英倫六省，中餐館很早已發明了一道叫做「波士頓龍蝦」的名菜，是將龍蝦切大塊，炒好鏟出，再在鑊內加蒜頭豆豉爆炒一些肉碎，倒下雞湯，勾個厚芡後淋下蛋液，把龍蝦回鑊便叫「龍蝦糊」，簡單古樸，味道奇美，肉汁是下飯妙品，若以德州土產中蝦代之，便稱「蝦龍糊」。美西的太平洋龍蝦，產量不及美東大西洋的豐盛，但有龐然大物的登進尼斯(Dungenese)蟹，肉豐味鮮，中廚便仿照波士頓式炒龍蝦，創出「蟹龍糊」。

20世紀60年代後期，美國放寬移民法例，很多香港有直系親屬在美國的，都會先練就一身本領方行移民。當時陳榮主持的「入廚三十年」烹飪學校，其門如市，港式中菜大舉進軍美國，

把拋鑊技術發揚光大。與此同時，以化學作料醃泡食材的陋習也帶到美國。幾乎家家餐館都有養魚池，吃活海鮮的傳統也由此宣揚開去。七、八、九十年代是港式粵菜盛行的光榮日子。

跟着中國內地和台灣的移民先後登陸美國，不同派系的中菜也在美國各地生根，在一些餐室內，不分地域和菜系的菜式，諸如京菜的烤鴨子、木須肉、酸辣湯、蒙古牛肉；湖南菜的左宗棠雞；四川菜的麻婆豆腐、宮保雞丁、擔擔麵、乾煸四季豆；淮揚菜的小籠包、清炒蝦仁；甚至台灣的燉肉飯、珍珠奶茶等，也都同時不缺。

好景不常，移民愈來愈多，各式的中餐館日增，以致古老的中餐館，備受排擠，只得適應加賣其他派系的中菜。到了90年代末期，口味特殊的泰菜、越南菜加入競爭，而中菜開到茶蘼，質素日降。美國人對中菜的批評也變得很不客氣了。

各個流派的中菜館還在各出奇謀，急於自保之餘，豈料異軍突起，驀地在美國多個省份殺出一系列的美式中菜快便餐（fastcasual）店，以地方清潔，作料新鮮，即叫即煮，快速送上桌，出品種類少而標準劃一，形成傳統中菜館的勁敵，加省最大的連鎖店叫 P.F. Chang Chinese Bistro。

灣仔的「鑊」餐館，賣的就是這種新派「美式中菜」，我不敢預期這種美式中菜能風靡香港，但今日年輕要追尋新口味的一輩，可能會全盤接受也未可料。

材料

中大海蝦	600克
洗蝦用鹽	1湯匙
蛋白	1湯匙
生粉	2茶匙＋水1湯匙
鹽	½茶匙
糖	少許
胡椒粉	⅛茶匙
麻油	1茶匙
油	2湯匙＋1湯匙
半肥瘦豬肉	100克
生抽	2茶匙
生粉	1茶匙＋水2茶匙
豆豉	1湯匙
蒜	2瓣，剁碎
雞湯	1杯
生粉	½湯匙＋水1湯匙
雞蛋	2隻
紹酒	2茶匙
葱白	2棵，切絲

提示
早期華僑被稱為「竹升」，謂其中西兩頭俱不通也。

蝦龍糊

準備時間：30分鐘(冷藏時間另計)　費用：50-100元

在養殖蝦氾濫之際，印傭分不出海蝦和養蝦，買回來的不是我要的中大海蝦而是飼養的南美白中蝦。結果成品蝦色灰白，整盤菜看起來黯然無光。我只好請學生麥麗敏從灣仔街市買來活的大竹節蝦，再做一次。但作料和製作步驟都早已拍好，蝦雖然不同，但讀者仍可按圖索驥，逐步跟進。

準備

1 蝦去頭 ❶，用鹽抓洗後放入疏箕內用水沖至色呈半透明，從背部剖開，露出蝦腸後跟着抽去 ❷，再沖水一次，瀝水後排在潔淨毛巾上吸乾水分 ❸，放入冰箱內冷藏起碼2小時。

2 將蝦放入碗內下蛋白 ❹、生粉水、鹽、糖、胡椒粉同拌勻，放回冰箱內。

3 豬肉分肥瘦剁碎，置碗內先加入生抽和生粉水，再下肥肉粒一同拌勻。

4 豆豉洗淨，置小碗內，加些許水。蛋打散。

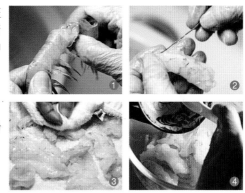

炒法

1 置易潔鑊於中大火上，鑊熱時下油2湯匙，加入蝦肉鑊散 ❶，不停鏟動至肉轉色，鏟出。

2 鑊內下餘油1湯匙，加入碎肉 ❷，鏟散至轉色後加入蒜茸和豆豉，倒下雞湯 ❸，燒開後加入生粉水勾芡，沿鑊邊淋下蛋液 ❹，稍候片時方行鏟勻成蛋花 ❺，將蝦回鑊，灒酒，下麻油，兜勻便可上碟 ❻，撒下蔥白絲供食。

名廚品德

位於法國東部亞爾塞斯一個小鎮 Illhaeusern，有一家蜚聲國際的餐室叫 Auberge de L'Ill（我譯它為漪河居），因為漪河（L'Ill River）流經其間，故得名。這是法國現存、歷史最悠久的三星餐室，由 Haeberlin 兄弟保羅及莊皮亞（Paul & Jean Pierre）主理。

祖上的一代，在1878年便在此開設一家小鄉村餐室 L'Arbre Vert，供應的是家鄉菜，生意還算不錯。但在第二次大戰時，祖居被焚，兄弟二人重建餐室，將附近地段修築成園，遍植時花，兩岸綠柳垂楊，天鵝成群在河上優游，景色怡人，有「全法國最美麗的餐室」之譽。保羅曾隨多位名廚學藝，精研法國大菜，後來回到漪河居自立門戶，菜式集名師真傳和祖母的秘方，自創一格，開業三年即獲米芝連指南給予一星，五年後給兩星，至1965年獲三星，高米路（Gault-Millau）指南給19分（20分為滿分），與保羅白駒氏（Paul Bocuse）等齊名。

我和天機在1984年留居德國海德堡，離美前得故陳省新教授大力推薦，我們找到了漪河居，品嚐了保羅和他兒子馬克（Marc）的精美菜式，而且因為他們父子倆曾於1978年代表法國作親善大使，與一行八位三星廚師訪港，在文華酒店獻藝的關係，對從香港來的我們特別優待，沒有訂位也給我們安排，並答應在飯後大家會面傾談。

這真是一段美好的回憶。那天午餐過後，大家聚在客廳內談天，壁爐生起了火，氣氛真溫暖。馬克那時不過三十出頭，已練就一身本領，和我們提起了香港便很興奮。他說在文華的一段時間，白天到中菜部看大師傅燒菜，頗有體會，回到法國自己款客時，常會燒些帶有中菜風味的菜式，和朋友分享。

漪河居家中每一分子都通力合作，當時已屆九十高齡的祖母仍負責管理餐室的桌布餐巾，莊皮亞是設計師和公關，保羅父子主廚，女兒管賬，女婿是經理，一家樂也融融，使人有賓至如歸之感。我和馬克談得很起勁，他們也一一來湊興，到要準備晚餐的時間了，我們纔告辭，答應下次再來時會帶給馬克我的英文中菜食譜。

事隔八年，外子從中文大學退休。外孫李文翰居然說中學畢業後要去法國學廚，我們不想他不繼續升學而選一門職業，便帶他去歐洲先見識一下，方好作決定。我們自行組團，其中包括到亞爾塞斯一程，去吃希伯靈家的好菜。那次再訪漪河居，與前無大差異，還是景色依然，同樣的熱情招待，美不勝收的食物，但不見了老祖母，卻多了一對金童玉女，穿着禮服，提着麵包籃子每桌分派，乖巧可愛，想是希家的第四代，更增親切感。

第一次和第二次光顧漪河居，我們都互相分食，保羅父子的拿手菜已試得七八。2008年5月，女兒和女婿再行參加郭偉信主辦的試酒團。上一回是訪法國波爾多紅酒區，這次則包括三個名白酒地區：德國的慕賽（Mosel）和萊茵郊（Rheingau）；法國的亞爾塞斯（Alsace），5月14日行程最後一天到漪河居吃中飯，三個月前已安排好了。

原來在5月10日，保羅希伯靈因久病纏身，在家以84高齡逝世。5月15日有一個盛大的喪禮，聽說法國的總理、達官貴人，許多三星廚子、酒商和數不清的前門徒都會前來弔唁。際此家有喪事，試酒團的訂位，孝子馬克大有理由取消，但一行25

人，不獨察覺不出有任何動靜，而馬克仍親自掌廚，燒出他父親生前遐邇馳名的幾道好菜：鮮鵝肝啫喱凍、白酒汁田雞軟糕和我以前沒有吃過的嫩鴿酥皮盒。女兒說酥盒可謂已達極致，鵝肝墊底，上有一枚黑菌，菌上是一大塊嫩得嫣紅的鴿胸，先用綠皺葉椰菜包好，再裹上一層酥皮焗香，味道深邃複雜的紅酒汁液吃得大家如癡如醉，一位團友想知道用的是什麼酒，還有什麼其他作料，也得到圓滿的答覆。我行不得也，只好看完又看女婿送來的照片，大嘆沒有食福！照片中往日的金童玉女今天已經成長，加入工作的行列了。

　　這是一家備受尊重的三星餐室，不因數十年來高踞星座而驕，遇家有突變仍然敬業樂業，保持廚師的應有品德，以誠待客，不亢不卑，和藹可親，難怪漪河居地處一隅，交通不便仍有四方食客，慕名而來，滿意而去。

　　不過，最近曾應邀赴一家私房菜之飯約，女主人兼掌廚，囂張氣大，目中無客，堪稱「無品」，真是一大對比！

材料

美/加/澳急凍帶子 .. 350克
紹酒 2茶匙
京葱 1條
鹽 .... 約¼茶匙
長形紅椒 ..... 1隻，切細絲
XO醬 2湯匙
油 1杯

XO 醬炒帶子

準備時間：25分鐘　費用：65元

XO醬我早已做好，但不一定要自製。京葱也可以水葱代替。帶子是急凍貨，隨處有售，方便得很。

準備

1 帶子撕去旁邊硬塊(俗稱枕)❶，沖淨，大隻的橫片為兩半，小的全隻用。

2 大火燒開一鍋水，加入帶子一拖，關火❷。稍待便倒進疏箕內瀝水❸。

3 潔淨毛巾上排上帶子成一層❹，吸乾水分，包起放入冰箱內冷藏待用。

4 京葱將葱白平分為兩半❺，切4厘米長細絲，葱綠則斜切❻。

炒法

1 置鑊於中大火上，鑊紅時下油1杯，待油熱至約攝氏120度，投下帶子鏟散❶，即連油倒進架於大碗上之笊篱內瀝油，留油約1湯匙在鑊。

2 加入京葱炒軟，下鹽調味後移出❷。揩淨鑊，加入XO醬兜炒數回，將帶子回鑊❸，潠酒，加入京葱、紅椒一同炒勻，試味後可上碟供食❹。

一代不如一代

茄汁煎大蝦

我這一生所見，從祖父一代算起到我外曾孫，一共六代，跨越年代頗長，最有資格大嘆「一代不如一代」！

固然人的素質一代不如一代，食物的素質更加不用說了。但科技的進展，增進了物質的文明和供應，價格也日見降低，在明天勝今天的大氣候下，今天不能測知明日事，而天災人禍，更是難以想像。年長如我，活在當下是苦惱的、忿悶的，大有「腷臆誰訴」之嘆！

讀同文梁文道的文章，喟嘆蝦、雞和三文魚都大不如前。我很有同感，想告訴他，現時的一代連食物的好歹都分不開，也未必在乎，有食便足，枉他空作無謂慨嘆！不少走紅的食店或者私房菜，都是食客不解優劣之分，纔有今天的怪象，引來一大夥人捧場，製造了名氣，卻拖垮了香港傳統飲食文化的水平。

讓我先說蝦。我小時在廣州常吃到的蝦是淡水河蝦，廣州最著名的雲吞和點心，一定會用河蝦，口感和鮮味比現時多人採用的急凍養蝦，簡直有如天淵。今日的淡水蝦都是養殖的，並不是從「河」而來。若有，聽聽好了。

1950年代在香港，市上河蝦少見，海蝦居多，特級校對教人買蝦，要選下午，那時漁民從海上回港，魚枱上放着不同種類，大大小小的海蝦，從大明蝦到小赤米蝦都鮮美誘人。記得那時淮揚菜開始流行，在彌敦道一帶的九龍飯店、雪園和樂宮樓等飯店，清炒蝦仁用的是河蝦，上海廚子注重原味，不加蘇打粉醃製，也不「啤水」。蝦仁是用豬油泡的，顏色嫣紅，熱騰騰上桌，吃時澆些暖黃酒下去，真是其味無窮！

60、70年代在國貨公司的食品部，有整盒的急凍青島對蝦出售。頭大多膏，煎香後紅油滿盤，甘香豐腴，與港產的青背龍大明蝦可爭一日之長短。

這情況一直維持到我1979年從美國回港定居時，在街市仍可隨意挑選海蝦。但養殖蝦開始抬頭了，酒家食肆都以白灼基圍蝦作招徠。那時的基圍蝦，名副其實，是在香港海域、鹹淡水交界的地方，用網圍起來飼養的。吃過這些小蝦的的香港人，一定不會忘記牠的口感和鮮味。不過近年蝦病在沿海養殖區蔓延，養蝦人迫得找尋能抗病毒的新品種，利用人工育苗，完全在淡水中養殖。

而中國對蝦在山東渤海灣一帶，因為嚴重的海水污染和人為的濫捕，竟然絕跡十多年，要從南美移殖另外一種白蝦來代替。直至2005年對蝦汛忽然重臨，受政府極力保育。據說有人把蝦苗帶到海南島養殖，但水溫不同，產品也異。

加上東南亞國家大力發展養蝦業，今天膾炙人口的老虎蝦、紅蝦，紛紛來自越南、泰國或印尼。去殼急凍小蝦、中蝦、大蝦都經過處理而來，酒家都樂於採用。帶殼的也就在自助餐桌上出盡風頭，年輕的一代無由比較，生來只是吃到這些韌而寡味的蝦，就當是上品了。

現時買蝦不只是一門學問，而且是經驗。二、三十元一斤的養殖草蝦，遍佈街市，魚枱上也頗多所謂海蝦，令人很難下手。大埔雖是漁獲的集散地，但海裏蝦跡難尋，故而充頭貨多，野生與養殖已難分判了。

在我永久居地的美國，30年前的蝦，都產自墨西哥灣，是野生的，捕後即時在船上急凍，以每磅有多少隻來分級，質素極高。中式超市又有活的野生蝦。近年東南亞養蝦以價廉取勝，野生蝦求過於供，價格升為養蝦的三、四倍，幸美國標籤制度完善，超市插上了野生牌子，便絕不容以養殖蝦充代，真是消費者之福。

茄汁煎大蝦

準備時間：25分鐘　費用：200元

材料

游水紅色大竹節蝦...	600克(8隻)
麵粉	¼杯
油	4湯匙
蒜	4瓣，拍扁
薑	3片

調味汁料

日本味醂	2湯匙
茄汁	3湯匙
糖	2茶匙
鹽	¼茶匙

印傭分不出海蝦與養蝦，我着女兒帶她上街市，仍買得似是而非的所謂海中蝦回來，做好了菜方知上當，只好央大師姐從灣仔街市買來活的紅蝦，怎知卻太大，不合用，便由她捉刀，煎了她家的大蝦。我也樂得休息，在旁觀看。

準備

1 先剪去大蝦頭上尖刺❶，修去蝦腳❷，剪去雙眼 ❸，用小鑷子伸入蝦頭內一拉 ❹，便可拉出一小塊灰黑色的硬物，棄去。打開蝦頭與蝦身交接的地方，把蝦膏下的沙腸拉出，沖淨後排在潔淨毛巾上吸乾多餘水分❺。

2 較小的蝦每隻切為兩段，大的切三段 ❻，一段連着蝦頭 ❼，放入厚身塑料袋內，撒下麵粉，執緊袋口，一吹一搖，蝦段便均勻地沾上麵粉 ❽，倒出蝦段至疏箕內 ❾，拍出多餘麵粉。

3 調好汁料待用。

煎法

1 易潔平底鑊置於中大火上，鑊紅時改為中火，下油3湯匙搪勻鑊面，先放入蝦頭 ❶，稍煎兩面，再加入蝦段排成一層，煎至一面金黃，翻面再煎黃其餘一面 ❷，移出。

2 加入餘下的1湯匙油爆香蒜瓣和薑片 ❸，倒下調味汁料煮至身稠起泡 ❹，將大蝦回鑊 ❺，拋勻，煎至蝦殼有些燒焦及汁已收乾 ❻ 便可上碟。

提示

活蝦價較高，如欲節省，可在急凍肉店購買澳洲的藍尾蝦，肉質爽脆，味頗鮮，有茄汁佐味，還算不錯，可考慮以之代活蝦。

舊味難尋

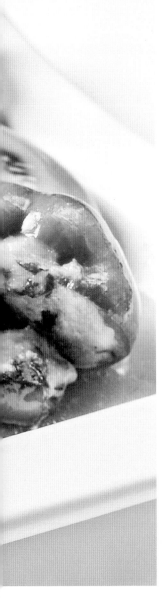

梁文道曾經所提的三文魚，口感和味道都不對，大有一代不如一代之嘆。不知他懷念的三文魚是什麼時代的三文魚？是哪一種的三文魚？我來自美國加省北部，目睹太平洋北岸三文魚市場不斷的變遷，比他更加切身，説起來真有曾經滄海之感！

40多年前我初到美國時，三文魚是高檔的海魚，只有野生的。轉眼20多年，市上的三文魚大部分都是養殖，只是野生價錢的三分之一。營養學及醫學界的研究報告認為，三文魚富含奧米加三號(Omega-3)的多元不飽和脂肪酸，多食可以減低血管硬化，因而可防止心臟病發。大家於是一窩蜂去食三文魚，而養殖的三文魚因此供應愈來愈多，價格愈來愈便宜，人人可吃，不愧為大眾食品。

另一方面，野生三文魚日見稀少，有一時期竟然幾乎絕跡，引起生態保護者的關切注意。在美國政府和非牟利機構積極研究下，在華盛頓、俄勒岡和阿拉斯加等州，設立許多三文魚孵化場，協助野生三文魚繁殖，引導幼魚的出海和成年大魚的回歸，近年野生三文魚回歸產卵的數目已有顯著的增加了。

三文魚生態特別，屬溯河產卵魚類，在淡水中生長，長大後入海生活，繁殖時竟然會找到入海前所經的路，回到自己出生的地方，絲毫不誤。據研究稱，當三文魚離河入海時，會一一銘記沿路所經之地的植物和礦物的特有氣味，這種本能叫做「順序銘記(sequential imprinting)」。到它們在海洋中長大至生育時期，會依着倒過來的順序銘記，尋回自己的家鄉。每年八月便是三文魚的產卵季節，充分長成的魚，游泳、跳躍越過重重障礙，力爭上游回歸。雌魚會找一個隱蔽的地方產卵，讓雄的來授精，再找些小石把卵子保護，至此三文魚傳宗接代的天職已盡，力竭身亡，殘骸在大自然腐化，變成下一代的養料。

在1994年我曾乘郵輪到阿拉斯加旅遊，特地去參觀在首府20里外的三文溪，看到三文魚奮不顧身，前仆後繼地沿小瀑布向上游跳躍，心中十分感動。及後我們拾級而登上游，看見一些已播卵的三文魚，由銀灰色變為棕紅色，全身反側，奄奄待斃。感觸更深。三文溪旁有專賣即捕即烤不同部分的三文魚，任人選擇，油香肉滑，口感奇佳。

野生三文魚生活在海洋中，不斷弋游，要捕取小魚類維生，更要逃避大魚的追殺，運動量大，所以肌肉結實而少脂肪，味道鮮美，顏色因品種而異，從自然的硃紅到淺紅，各有千秋。以前我們買三文魚，考慮的是買哪一種好呢？當然是硃紅潤滑

的太平洋皇帝三文魚（King Salmon）了。

養殖三文魚在塑料盤內孵化，用放進海中的網圍密集飼養，餵以雜魚和大豆粒催谷生長，注射抗生素去殺菌，更加入染料，使飼養魚灰白的肉變成紅色。但脂肪多而肉鬆散，食味比海中自然生長的差了一大截。殊不知養殖三文魚脂肪雖多，但所含的奧美加三號脂肪酸卻比野生三文魚少了三分之二，魚肉內含的化學污染劑PCBs，比野生的多，抗生素的殘留，高於雞蛋或任何飼養的肉食都高出很多倍，而海水中這些抗生素，更連帶毒害海洋中其他魚類。

最近還有隱憂，說在加拿大卑斯省的養殖三文魚場，有大量的海蚤（sea lice），生長在三文魚的魚皮上，野生的三文魚游經養殖場，便會受到了感染。有許多漏網之魚，與野生三文魚雜交，產生存活力孱弱的後代，看來野生三文魚又有瀕臨絕境之憂了。

我在美國寧可多花些錢，吃美味的野生三文魚。香港市上的三文魚，多來自蘇格蘭和挪威，小部分來自加拿大，而且多屬人工養殖的。但不論野生也好，養殖也好，為安全食用起見，專家認為三文魚要煮熟方可食，魚皮和魚頭是污染積聚最多的地方，最好少食。那麼，怎樣還有口感佳的三文魚饌呢？

註：PCBs（polychlorinated biphenyls）是工業用品。過去通常用來加入變壓器內的絕緣劑，有劇毒，難以分解，能致癌，對生物損肝，聚留在生物體內，1970年代開始禁用。

材料

鯪魚肉	300克
鹽	½茶匙
水	2湯匙
胡椒粉	⅛茶匙
糖	少許
麻油	½茶匙
蝦米	¼茶匙，浸軟剁碎
芫荽、青葱	各1棵，切小粒
黃、青、紅三色小甜椒	350克
生粉	1湯匙
油	2湯匙
雞湯	¾杯
生粉	½茶匙＋水1湯匙

魚肉煎瓤三色椒

準備時間：40分鐘　費用：50元

在海水污染聲中，現代人真不知要吃什麼魚了。與其食人工飼養的海魚，倒不如吃淡水魚，起碼有政府的管制，遇危機時可及早防範。鯪魚味美但多骨，最適宜剁碎做瓤餡。我在超級市場看到小型的三色甜椒，是荷蘭的進口貨，顏色鮮明，比大個的好用。

準備

1 鯪魚肉出骨去皮，片去紅色瘦肉，先切薄片，再剁成茸，放在碗內加入鹽和水攪拌至起膠，然後下胡椒粉、糖、麻油和蝦米碎，循一方向攪拌至上勁，大力撻幾下，最後加芫荽粒及葱粒 ❶。留用。

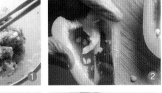

2 黃甜椒先去蒂，開半，清除椒籽 ❷，紅、綠兩色甜椒依法去籽。

3 用小掃在每半個甜椒內撲滿生粉使魚肉能黏着 ❸，跟着每半瓤滿鯪魚膠 ❹，以水掃平表面。

煎法

1 置厚身平底易潔鑊於中火上，鑊熱時下油2湯匙，將瓤椒排在鑊上，有魚肉的一面向下，煎香 ❶，反面再煎其餘一面至椒熟 ❷。

2 將瓤椒再反一次面，再使有魚肉的一面向下，加入雞湯蓋起 ❸，煮汁液至滾，下生粉水勾芡 ❹，鏟勻便可上碟。

桃花流水

印傭給我買了一尾鱖魚回來，因見是活的而且價格廉宜，在近日百物騰貴聲中，她認為是合理的選擇。但自從2006年11月香港食環署宣佈抽樣檢查輸港的鱖魚中，發現含有超標的孔雀石綠後，我久已不吃鱖魚了。

鱖魚在香港的俗名為桂花魚，「鱖」「桂」同音，約例俗成，便被稱為桂花魚了。內地開放初期，在長江以北的野生鱖魚運到香港，一時引起高檔酒家的青睞，被尊稱為「淡水老鼠斑」，榮登筵席，好不威風，大可與海斑較一日之短長。

那時的裕華國貨公司售賣國產食品，其中一角專供應家禽魚鮮，我們在周末，會專程到佐敦正店地庫光顧。最記得龍江雞嫩滑、乳鴿肉豐骨軟、田雞個子小小不像今天的龐然大物，那些小山斑魚、筍殼魚都有特殊的鮮味和口感，也有金錢龜和水魚。當桂花魚盛行之際，更是天之驕子，取價不菲，難得一見！

鱖魚是底層的食魚魚類，性頗兇猛，只吃小魚小蝦，生活在長江以北的靜水和有流水的江河，遠至松花江近至淮揚一帶水草豐盛的湖泊中，都有野生鱖魚的蹤跡。自古以來鱖魚都是騷人墨客的吟詠對象，最為古今傳誦、唐朝張志和的《漁歌子》中，「西塞山前白鷺飛，桃花流水鱖魚肥」之句，使我們嚮往不已。因此想到古人食鱖魚的歷史可能更早於唐代。

三月穀雨後，桃花盛開，正是鱖魚最肥美之時。南宋《武林舊事》中有載宋高宗遊西湖時，有一婦人自稱宋五嫂，隨皇上從開封(汴京)南遷至此，在西湖賣魚羹為生。高宗吃了他做的魚羹，大為讚賞，從此「宋嫂魚羹」名噪一時，至今已快九百年了，宋嫂用的就是鱖魚。元朝飲食古籍《雲林飲食制度集》中有「冷淘麵法」，冷麵的澆頭中便有鱖魚。清代《紅樓夢》的美食中，有鱖魚卷這個菜式。至於《隨園食單》內，更少不了鱖魚的份兒。出自黃山的烤鱖魚，在明火上直接烤熟，據說是慈禧太后喜好之菜餚。鱖魚的古譜，當不只此。

曾幾何時，在80年代末期，浙江紹興縣水技站人工養殖鱖魚成功，聲譽乃一落千丈，街市充斥游水鱖魚，活生生地跳，二三十元便有一大條，比鯪魚還要平，可足一家人之用。可惜今天養殖的東西，產量大了，質素也隨之低降。本來肉嫩骨少味鮮的鱖魚，就算比海斑味薄了些，仍是老少咸宜、普受大眾歡迎的。

但說來奇怪，嗜魚的廣東人，很少有鱖魚的菜式，就算在香港的外省大館子，用鱖魚的也不太多，自有養殖鱖魚後，倒成了小館子和大排檔的常菜，普羅大眾也吃得起。

剛讀食家唯靈說到鱖魚，有珊瑚鱖魚這一道菜；以一隻膏蟹取蟹黃及肉，做成一個珊瑚芡，淋在蒸熟的養殖鱖魚上，賣相極佳，我曾在很多外省的食譜上讀到這種做法。鱖魚肉似瓣瓣蒜子，清鮮而不腥，比起其他許多養殖的海魚，有獨特的風味，不必靠什麼貴價的澆頭去增值，清蒸之或加點火腿，足已配得上有餘了。

火腿蒸鱖魚

準備時間：15分鐘　費用：35元

材料

養殖鱖魚 .. 1尾，約600克
鹽 .... ¼茶匙
胡椒粉 .... ⅛茶匙
薑 .... 2片，切細絲
葱白 .... 2棵，切細絲
芫荽 .... 1棵，只用葉
油 3湯匙
火腿 2薄片
冬菇 1隻
頂上頭抽或蒸魚豉油 .. 2湯匙

粵菜蒸全魚，千篇一律，至於加了什麼作料或者下些什麼芡汁澆頭，歸根結底仍是一個蒸字。之前我在此專欄做過清蒸、古法蒸、微波蒸、三豉蒸、醃菜蒸，再也想不出用什麼來蒸了。下面是採麒麟石斑的方法，換換口味，同時介紹在未蒸之前，把全魚在開水內一拖去潺及辟腥的方法。

準備

1 冬菇浸軟，斜刀切0.2厘米厚片 ，火腿亦切同一厚薄，再切(2×3)厘米大小 。

2 洗淨鱖魚內外，從頭下斜切割口 ，切至見骨為止，每隔1厘米多些，便割一割，至魚尾上約5厘米便停，只割一面。

3 大鍋內加水大半滿，置大火上燒開，將魚滑下水中 ，移鍋離爐，稍浸，見割口張開便移出至碟上 。

4 用廚紙吸乾碟上和魚肚內之水分，擦入鹽
和部分胡椒粉 。

5 放魚在長魚盤上，在每條割口中釀入1片火
腿  和1片冬菇 。

蒸法

1 鑊內置蒸架，加水在蒸架下約1厘米，大火
燒開水後，將整碟魚放在架上，加蓋，蒸10
分鐘 ，至魚眼突出便熟 。

2 魚將要蒸至夠時間，在小火上熱油3湯匙至
滾，等候魚熟。

3 魚熟後移出鑊，潷出汁液，撒入餘下的胡椒
粉，把薑絲、葱白絲、芫荽葉放在魚之兩旁
，不可蓋過火腿，加大火燒滾油，淋在魚
身上 ，加入頂頭抽或蒸魚豉油在碟旁 ，
趁熱上桌。

柿子豐收

柿子蛋糕

36年前先母患肺癌棄世後，我在和她一起生活過的房子裏，時常都會看到她喘着氣，荏弱地從她房間走出來，忽又消失了。我明知是幻象，但捕捉不住，很傷心。加上天機的父母移民來美，要和我們同住，房子不夠大，於是決定搬家。

為了讓老人家有個人的空間，所以特別選擇了上有半層，下有半層，主層是客廳和廚房的房子，這樣他們住到下半層的電視室和客房，自成一國，大家都可以透透氣。房子位在加省聖荷西的亞瑪頓谷半山上，屬較早期的住宅開發區，前身全為果園，屋齡已有12載，不像我們第一幢是全新的，但後園特別大，連房子合起來面積有近一萬平方尺，我們看到園中種滿果樹，不加考慮便買下來了。

入住時後園有櫻桃、桃駁李、杏樹、金黃蘋果，門前有橄欖樹，我們加種了白肉桃、草莓桃、亞洲沙梨、富有柿、無花果各一棵，屋旁又種了西班牙檸檬，不同季節有不同的收成，終年供應不絕，真是開心。外子在空地上營造了他的菜圃。

美國西部的氣候，最適宜種柿子。日本人遠在1870年引入了柿子，有分硬的富有柿(fuyu)和軟柿(hachiya)，我們種的是標準的富有硬柿，樹苗下種三年便開始有收成。起初結果不多，自然珍若拱璧。再過幾年，柿樹長得很高，到了聖誕前後，綠葉落盡，只餘禿枝，樹上果實纍纍，從客廳外望，紅彤彤的很耀眼，有如一樹紅燈籠，增添了不少節日氣氛。

富有柿成扁盒形，色硃紅，柿樹年輕時果不帶核，肉質結實，清甜爽脆，採下不用擱置便可即食。若留在樹上長至成熟，味道由清轉濃，口感由脆而變軟糯，讓它們掛在樹上，足有兩個月時間可以採摘，每一時段都具不同風味，直至霜降，便要全部採下來，要不然外皮發黑，柿肉軟癱一片了。

我女兒家中種的是巨型富有柿(jumbo fuyu)，每個起碼有一磅重，糖分厚而肉質較標準的粗糙，但捧在手上，有異樣的滿足，是送人的好禮物。我們的富有柿樹漸漸長大，果實每年足有五、六百個，除了送禮，我們怎也吃不完，只好將一部分切片烘乾，將熟軟的去皮取肉，把柿漿盛在塑料盒內，每盒一杯，急凍後可以隨時取來做柿子餅食，諸如柿子曲奇、柿子蛋糕、柿子麵包、柿子班戟(pancake)等等。

我們1979年回港定居，得一對留學生夫婦伍紓和何銳林為我們看家，他們一共住了11年。我們一直對家中的柿子念念不忘，每年柿子快要成熟了，伍紓會着何銳林挑選樹上最大的採下來，小心包藏在盒內，空郵寄給我們。可惜郵費太貴，每次只寄6個，無法和朋友分享，看見香港的富有柿，全不是我家柿子的味道，更覺惆悵。

2008年他們夫婦倆回港辦理家族法律事宜，竟然手提了兩大行李袋富有柿來，我們真是如獲至寶，四處送人，雖然只是每家一兩個，但畢竟是「親生」的樹上熟，豈同市上凡品！他們告訴我，今年柿子大豐收，有一千多個。

外子不適，留下的幾個柿子已是太熟，不能送人，我索性用來做個柿子蛋糕。梁贊坤從大房子搬到較小的房子，他最喜歡自製麵包，家中不少大大小小的做餅器具，都搬到我家來存放，我正好利用他的強力攪打機來代人工，烤了一個柿子蛋糕，梁贊坤大讚好吃！讀者一看插圖，便知我家的柿子的確不同凡響，與別不同。

柿子蛋糕

準備時間：1小時30分鐘　費用：視乎所用柿子的價值

材料

普通麵粉 1½杯
熟富有柿 ... 3個，得柿漿1杯
小蘇打食粉 1茶匙
大雞蛋 2隻
白糖 .... ½杯
植物油 .... ¼杯
乾果仁、果乾 .... 各½杯，切碎
肉桂粉或豆蔻粉 .... 1茶匙(或少些)

在香港做柿子蛋糕，可以用日本富有柿，但要經擱置至完全成熟，柿皮起皺方能取柿漿。來自中東較小的柿子也可代用，但我們廣東的雞心柿和盒柿肉質較薄削，做成蛋糕的口感很不同，會過分濕潤。家中沒有攪打機，可用手提的，再不然，用球形拂打器也可。焗爐用大、中、小型俱可，小型的要加烤焗時間。

準備

1 富有柿去蒂，用小匙刮出柿肉 ❶，見有核便拿掉，將附着柿肉盡量刮出以免浪費，需肉1杯，盛玻璃量杯內，加小蘇打粉拌勻 ❷。擱15分鐘。

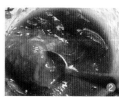

2 攪打機工作碗內加入糖、蛋和油 ❸，以低速攪打，加入柿肉一同打勻 ❹，篩下麵粉 ❺，加入香料，繼續攪打，用膠鏟將碗旁乾粉推下柿子混合糊內，加至中速攪拌至均勻 ❻。

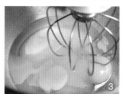

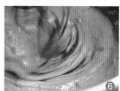

3 撒些許麵粉拌勻乾果及果仁 ⑦，倒入柿子糊內 ⑧。

4 移工作碗離機，用膠鏟從糕糊中央挖入 ⑨，一割至碗底，立即將糕糊覆上，一捲，不停挖入、覆上 ⑩，直至果乾及果仁平均分佈 ⑪。（這是西式製餅的標準操作（folding），目的是使乾的物料加入濕的糕糊平均分佈）

5 長烤盤(23×7×6厘米)內先掃油 ⑫，繼下麵粉使四周黏上 ⑬，敲出多餘乾粉，倒下糕糊，搖平表面 ⑭。

烤法

預熱烤爐至攝氏 165 度。放烤盤在架上（小型烤爐放下層，中型及標準烤爐放中層），烤 1 小時 ❶。試以竹籤插入蛋糕內，如無粉漿黏着便是熟，否則多烤 10-15 分鐘。擱涼後切塊供食。

歲末話生菜

香港電台「開卷樂」的葉輝先生和鄭曦暉女士曾來我家，和我談談有關先師特級校對陳夢因先生的《食經》。近年我深居簡出，不願露面，但2008年《食經》得商務印書館原裝再版，實在欣喜莫名，遂不加考慮，答應接受訪問。

他們問《食經》內有些食材，今日已變質或者不存在，怎麼辦纔好？我認為那是沒有辦法的，如果菜饌必需要用這些食材的，只好放棄不做了，就算有代用品，也是有分別的。最簡單例子是豬網油，用以包裹餡子來炸，上口甘腴肥美香脆，其他的皮子，的確是無可比擬的。

50多年前的常用作料，今天再不存在的原因很多，變了質的更是不勝枚舉。街市的菜檔，雖然多了好些入口的蔬菜，但我們熟悉的本地菜蔬，品種日少，有些早已斷市，無緣再嚐了。

例如一種叫「匙羹大白菜」的，身長、白梗多、綠葉少，是煲老火湯的好材料，若曬成菜乾，一鮮一陳的金銀菜鮮陳腎豬肉湯，用的就是這種白菜，現時百覓不得，反而在美國的中國農人，還存有家傳種子，得以將這種白菜延續。

除了少數有機農莊有種植，近年在香港的街市也少見君達菜了。香港人喜好意頭，本稱君達菜的，卻被叫成「官達菜」以喻升官發達之意。但官達菜在農村十分粗生，鄉人以其味澀，烹煮時極其耗油，多用以餵豬，故又有「豬姆菜」之稱。今日崇尚奢食的香港人，又怎會在乎這種粗賤的東西呢？原來在歐美，君達菜被認為是菜中之寶，還是頗為昂貴的。

最莫名其妙的卻是正種唐生菜的消失。現時我們吃到的所謂唐生菜，已經與外來的生菜配了種，三不像，有些是與包心西生菜交配，一些是與羅馬生菜交配的，外形、質感和菜味與我們在20世紀80年代以前吃到的真正「玻璃生菜」，大為不同。

記得小時候，生菜的季節性極強，是冬天蔬菜。鬆鬆的一大棵，葉色青綠，清炒、滾湯、筵席上作「菜膽」伴碟，都無不宜。尤其天寒地凍時，在飯桌中央生起小炭爐，架上搪瓷深盤子，把所有的餸菜放下保暖，到燒得卜卜作響了，便加入一片片的生菜，生熟程度隨人喜好，但都裹滿了菜餚的豐腴汁液，比起撒在火鍋湯內滾熟的，別有一番風味。

最值得懷念的是新年後我家一年一度的生菜包盛會。吃生菜包要適時，過年剩下來的臘味要趁早用完，而生開黃沙大蜆肉正是肥美可口，葉大而薄的玻璃生菜又當時得令，實是機不可失。當時還沒有西生菜，而唐生菜是用「大肥」種植的，通常不宜生食，所以吃生菜包最主要的準備工作不在備餡子，而在生菜葉的消毒。祖母們先稀釋一大盤灰錳氧溶液，把洗淨的生菜葉放下浸約半小時，再放入冷開水內沖淨氣味，用毛巾吸乾水分纔可以用。

生菜包的餡子只得兩種：粒狀的臘味鹹酸菜韭菜炒生開蜆肉，和條狀的蘿蔔絲煮鯪魚餅。我們每人面前有一隻大平碟，放一塊生菜葉在上，先在葉中央塗些海鮮醬和甘竹辣椒醬，加些熱呼呼的白飯，飯面蓋上兩種餡子，緊緊地包起來，生菜葉與熱餡接觸，頓時變柔軟，我們大口大口地吃，現在想來，也會垂涎欲滴。

我買了冬筍和馬蹄作配，炒成臘味鬆，適郭偉信送來city'super的入口沙律菜，其中有比利時菊苣（endive），我便挪來作生菜用了。讀者如買到新鮮的西生菜，放心使用可也。

炒臘味鬆

準備時間：1小時（連蒸臘味時間）　費用：約90元

材料

臘肉 .... 1段，約60克
臘豬頸肉 60克
瘦肉腸 1條
白油腸、鴨肝腸 各1條
冬筍 .... 1隻，350克
鹽、糖 .... 各適量
松子仁 .... ¼杯
油 .... 1湯匙 +1湯匙
馬蹄 6個
花菇 3隻
洋芹菜 2條
青、紅椒 各1隻
葱白 .... 2棵，切小段
蒜 .... 1瓣，切小片
乾葱頭 .... 1粒，切碎
比利時菊苣 1頭
鹽、糖 .... 各適量

臘味要蒸熟了纔容易切，不宜太細，要有咬勁，約½厘米小方丁。配料全是蔬菜，不會瀉油，切0.4厘米方丁便可。不一定要用菜葉包着來吃，臘味鬆是下飯或送粥的好小菜哩！

準備

1 臘味沖淨，放在碟內，中大火蒸20分鐘，熟後以廚紙揩去表面油脂。臘肉切去一部分肥肉，切成½厘米小方丁 ❶，其餘臘味同切與臘肉大小的方丁 ❷。

2 花菇浸軟，平片每隻為兩片，先切細絲，約為0.4厘米寬，再切小方丁 ❸。馬蹄去皮，亦切0.4厘米小方丁 ❹。

3 冬筍剝皮去衣，切0.4厘米厚片，再切丁 ❺，下開水內加些許糖和鹽，大火汆水約2分鐘，移出沖冷瀝水後，放入白鑊內中火將筍丁烘乾 ❻。

4 西芹撕筋，切5厘米段，每段直切為0.4厘米寬的條子，再切丁 ❼。青紅椒去籽，亦切同一大小的小丁 ❽。

5 逐莢撕出比利時菊苣，浸在冷開水內，放入冰箱冷藏，用前以廚紙吸乾水分，圍在菜盤四周。

炒法

1 置易潔中式鑊於小火上，下油1湯匙，即投下松子仁，不停鏟動至略呈微黃，即鏟至炸籬內瀝油待用 ❶。

2 置鑊回中火上，鑊熱時下油1湯匙，爆香乾葱粒至透明 ❷，加入蒜片和花菇丁 ❸，次第下冬筍丁和馬蹄丁 ❹，下少許鹽、糖調味，加入臘味丁同炒勻 ❺，再下芹菜丁、青紅椒丁同炒勻，最後下葱白粒 ❻。

3 鏟臘味鬆至菜盤中央，上撒炸松子仁供食。

雜錦菜的雜感

雜錦菌菜

　　廣東人在飲食辭彙上所說的「雜錦」，完全沒有定規，只要材料來一個大集會，不論葷素，就是雜錦了。外省人因方言不同，有「雜錦」涵義的的菜式，有人稱為「十錦」、「什錦」、「十景」或「什景」，總之，十種作料煮在一起，多是新年素菜，冷食熱食俱宜，家家有各自的「錦繡」和「景致」，就算新年過了，每一季節都有應時的雜錦菜。

　　我們早就有多種素饌，是集合菌類、豆品、應時蔬菜、帶澱粉質的白果、蓮子和百合，共冶一盤，可精可簡，從用上三菇六耳的鼎湖上素，到羅漢齋、過年齋、溫公齋、粗齋等等，都可說是廣東人的素雜錦。

　　雜錦不限於素饌。我們小時候跟大人去飲茶，見到侍者把紅彤彤的錦滷汁倒入大盤的炸雲吞，便歡天喜地，有如今日的「轟炸東京」鍋巴菜那麼砲聲隆隆，驚天動地。雲吞宜炸脆即時吃，浸在汁液過久便毫無意趣，萎頓衰敗，不堪入口。雲吞趕快幹掉，便是在滷汁內尋寶之時，小孩子不能挑食，眼巴巴看着大人們隨意揀選，說得出的作料一應俱全，魚肚、豬肚、叉燒、白切雞、燒鴨、蝦球、魷魚、豬腰、豬肝、青紅椒、洋葱，連炸蟹件也有，若再加上雞雜，滷汁何止「什錦」！不知現時的錦滷雲吞有沒有這麼豐盛，魚蛋、牛丸該登場了吧。

　　京菜有「全家福」，是海味的大雜錦。福建的「佛跳牆」格調更高，用盡了鮑參肚翅，還加上火腿、肘子、雞和鴨，洋洋大觀，是雜錦的極致。再不然，我們新界的盆菜，難道不是葷的雜錦嗎？

　　在美國，李鴻章雜碎是最原始的雜錦菜，被「賣豬仔」飄洋過海的華僑，捱完苦工死裏逃生後留在美國，靠三把刀（菜刀、剪刀、剃刀）謀生。開小外賣店的不是什麼廚子，隨便挑一把芽菜、竹筍、馬蹄、芹菜、紅蘿蔔，切碎了去炒，加個糊水（芡），幾條炸麵，便是「雜碎」了，倒也名實相副，風行了百數十年。

　　20世紀70年代美國移民例放寬，外省和香港的廚子先後登岸，土生土長的雜碎頓時退避三舍。「木須肉」最先獲美國人青睞，包以春卷皮，DIY一頓，其樂無窮。後來又有變奏，「合菜戴帽」更有神秘感，帽下藏寶送到食客面前，任人發掘，其實不過是「木須肉」加了粉絲，將炒蛋化零為整，蓋下大蛋帽就是了。

　　法國菜著名的蔬菜大雜燴，叫 Ratatouille，集合了青紅黃椒、番茄、茄子、意大利瓜、洋葱、大蒜，再加上羅勒和香荽，下些番茄膏添色，便是五色繽紛的伴菜。我多年前僱用的菲傭有她的亞洲版本，加了苦瓜、豆角、潺茄、南瓜，微辣的長椒，味道比法式的更要複雜，是如假包換的「雜錦菜」。

　　我的無錫籍學生，過年時必定煮一大盤雜錦菜，加重了醬油和麻油，是送粥的佳品。雜錦菜中的扁尖，是整盤菜的領銜者，少了那鹹香和脆脆的口感，其他的九錦都會頓然失色。細數算來：扁尖、木耳、金針菜、香菇、胡蘿蔔、芹菜、豆腐乾、大豆芽、麵筋、雪裏蕻一共十種。每家人都有自己的配搭，但要全是素菜的。

　　因為要補拍培養菌的集體圖片，從街市買了一大批培養菌回來，不想浪費，挑選一些合用的，我炒了以下的雜菌菜，聊賀新春之慶。

雜錦菌菜

準備時間：40分鐘　費用：約40元

材料

冬筍 ....1隻，約300克
花菇 4隻
金針 40克
乾木耳絲 30克
紅蘿蔔 ....1段，約8厘米長
唐芹菜 4條
大豆芽......................50克
豆乾 2塊
茶樹菇......................50克
杏鮑菇...................1大條
金針菇...................50克
白、棕靈芝菇 各1盤
蒜 ....1瓣，切細絲
油 ....3湯匙+2茶匙
麻油 2茶匙
鹽、糖.....................適量
魚露 1湯匙
頂上生抽 2茶匙

雜錦菜配搭隨人，各家各法。廣東人索性燜一鍋齋菜，從除夕吃到開年，多擱幾天更入味。近年培養菌供應充足，配些其他的豆品和蔬菜，不必煮至顏色醬黑，像炒菜多於燜菜，清淡適中，別有韻味。

準備

1 花菇浸軟，去蒂後擠乾，每隻平刀片為2片，再切0.4厘米絲，留浸汁。

2 冬筍去皮，斬去頭部多纖維的地方，削去筍衣，切成4厘米長0.4厘米寬的幼長條，放下開水內，加些許鹽、糖煮5分鐘，瀝水後在中火上白鑊烘乾，留用。

3 金針菜去頭，放在水中浸發，擠水後留用。

4 木耳絲浸至發大，煮軟後瀝水。

5 紅蘿蔔分為2段，每段切0.4厘米絲。

6 豆乾平片為3片，切細絲，大小與紅蘿蔔同。

7 芹菜撕去老根，先切段，後切絲。

8 大豆芽摘去尾，以2茶匙油炒至八成熟。

9 茶樹菇剪去菇腳，用前在水下沖去附着泥沙。金針菇切去菇頭約4厘米，抖散，杏鮑菇切4厘米段，再切成½厘米寬的絲。兩種靈芝菇分別去菇腳。將所有鮮菇放在瓦鍋內，蓋好置微波爐中，以大火（100%火力）加熱2分鐘，把菇菌預熱，倒入疏箕內隔去多餘水分，留用。

10 已準備各項材料見圖 ❶。

炒法

1 置中式易潔鑊在中大火上，鑊熱時下油1湯匙，爆香蒜絲，加入花菇絲鏟勻 ❶，下些許鹽、糖調味，繼下木耳、金針同炒3分鐘 ❷，下竹筍絲、紅蘿蔔絲 ❸，再加油1湯匙，倒下浸菇汁，煮至汁乾 ❹。

2 沿鑊邊澆下餘油1湯匙，將已備好之鮮菌放下同炒 ❺，同筷箸挑勻 ❻，最後加入炒大豆芽、豆乾，多炒幾下至熱透，方行加芹菜絲 ❼，下魚露和生抽調味，下麻油包尾，試味，（如覺味淡，可加些少雞粉）鏟勻上碟。

廚娘的今昔

中國女性當廚，往昔難成氣候，多是受僱於人，下廚只是家務之一，若專司燒飯之責者，輒稱為「煮飯（飯字讀成『反』音）」，鮮有像男性被稱為大師傅的。商業食肆亦不常僱用女性為廚師。

位在珠江三角洲的廣東順德縣，地方富庶，是漁米之鄉，尤以養蠶種桑馳譽全國，所產生絲行銷世界各地。自晚清至民初，盛行女子不嫁自梳，與閨中密友互許終生，矢志不嫁。又或被迫嫁人，拜堂後拒與丈夫同房，三朝回門後不再落夫家，與朋友同住「姑婆屋」，在繅絲廠內工作，自食其力。這些女性，暇時聚在一起，唱唱木魚書，「撚」幾味巧手菜式，生活優哉游哉，無形中養成順德美食的風氣。

豈料好景不常，上世紀20年代末期，因全球經濟危機，國際市場對順德生絲的需求驟減，絲廠相繼倒閉，自梳女失去依靠，紛紛離鄉到附近大城市謀生，到富戶「打工」，當其「媽姐」。有條件的人家，僱用的多是順德媽姐，她們梳起大鬆辮或挽隻大髻，白短衫黑長褲，耳上的玉環搖搖欲墜，斯文大方，出得廳堂打掃，持家有道，談吐除滿口鄉音之外也頗得體，入得廚房，都能燒一手精緻的順德小菜。

我們搬離江家大宅後，家中僱用的是來自順德的財姐，她很會籌算，以有限的買菜錢，雖無大魚大肉，但能讓我和哥哥經常吃得很好，媽媽出外工作，便由財姐獨力照顧我們起居飲食了。現今想找如此媽姐，已無可能，就算當時20餘歲來港謀生的，現已快近80歲，早就退隱。年輕的一輩只知有菲印泰傭，以前有媽姐的好日子現今已不再了。

順德媽姐的廚藝，有口皆碑，50年代初期，有些媽姐自立門戶，私營筵席生意。當年膾炙人口的八姐菜，位於莊士敦道口一層二樓，每晚限做一席，要訂位也不容易。我曾吃過一次，印象極深，她鮑參肚翅件件皆能，且擅烹鳳城小菜，大酒家且不如也。外子60年代初從美國第一次回港，獲父執招待到八姐處晚宴，至今仍津津樂道。

及我們在1979年回港定居，已無八姐消息。當時很多人從上海來香港，上海菜大行其道。在銅鑼灣有一家「鄉村飯店」是全女將班底，菜式十分地道，我們初抵香港，人地生疏，一晚由梁玳寧做東，客人還有報界才子韓中旋。我們大家暢談甚歡，紅燒排骨和豆瓣酥都令人難忘。不知30年後的今日，鄉村飯店是否還在？

後來梁玳寧又介紹我們到新世界中心下層的另一家由女廚主均的飯店，店名忘記了，只記得該店的手捏鳳城粉果很好吃，皮薄餡細，小菜也十分精緻。現時這種水準的小飯店，已是百中無一了。

不過，近年很多由女廚主理的私房菜相繼興起，都稱自己是什麼姐的，就算近年香港私房菜始祖的「黃色門」，不也是由女廚師擔綱嗎？至於西菜，女廚更不少，可見司廚一職，已非由男性獨佔了。

法國三星大廚都是男性，對女性入廚撻伐有加，以前認為女性體弱不能勝重任，且月事污穢，不合衛生。如此狂言，當時大受美國人月旦。近年美國的新星廚子，不少還是女性呢！加省柏克萊的Chez Panisse餐室，東主Alice Waters，不單只下廚，且名滿國際，以推廣有機食物見著，今日已榮登國際慢食會的副會長。三藩市多間名餐室，廚子都是女性，可見飲食世界日益開明，男女日益平等了。

豆瓣酥

浸豆時間：夏天5-6天，冬天7-10天　準備時間：1小時(連剝豆皮)
費用：50元(若用珧柱)

材料

乾蠶豆	300克
雞湯	2杯 +⅓杯
綠色雪菜	250克
大碎貝	30克
薑	2片
紹酒	1湯匙
油	5湯匙
麻油	2茶匙

調味料

白糖	2茶匙
鹽、胡椒粉	各少許

傳統豆瓣酥是用發芽蠶豆和雪菜同炒，是上海人的家常小菜，經濟實惠。鄉村飯店加入了珧柱，在鹹味外多了海味的鮮，提高格調，似乎是獨家首創。蠶豆富含磷、鈣、鐵，發芽後還有維他命C。最近在南貨店買來的乾蠶豆，全是綠色，粒粒大小相同，浸發後煮爛，卻缺了蠶豆的特有味道，而且質感也怪怪的，與以前在雜貨店出售有大有小，不同顏色的大有差別。敢情是經過基因改造的。

準備

1 用前十天八天，洗淨乾蠶豆，浸在水裏，見有浮起者即表示壞了，揀出棄去。每天換水一次，浸至蠶豆外皮破裂，長出豆芽便可用❶。

2 珧柱置碗內，加水½杯，下紹酒和薑片，放在中火上蒸1小時至軟，撕成細絲。

3 雪菜浸在淡鹽水內去鹽味，洗淨泥沙，擠乾，先將菜梗切小粒❷，繼切菜葉為幼絲，再切碎，如仍覺太鹹，可於是時用水再洗一次。

4 發好蠶豆去皮，鍋內加水半滿，置於大火上，燒開時加入蠶豆，煮至大滾見有白色泡沫浮在水面❸，便倒出沖淨❹。

提示

浸發至出芽的豆瓣，各大南貨號均有出售。

炒法

1 置中式易潔鑊在中大火上，鑊紅時下油3湯匙，爆炒豆瓣 ❶，加入雞湯2杯 ❷，煮至大滾，改為中小火，加蓋 ❸ 煮約15分鐘，至豆瓣用筷箸一夾便碎時 ❹，鏟出至大碗內，以薯茸夾壓碎 ❺（如無薯茸夾，可關火後在鑊內用鏟捺碎），但不可捺得太碎成粉狀。

2 洗淨鑊，置於中火上，加入雪菜烘乾 ❻，下2湯匙油炒勻，撒下白糖，繼下珧柱絲同煮 ❼，最後加入豆瓣同炒，不停鏟動至作料混合均勻 ❽，沿鑊邊淋下珧柱汁及雞湯共½杯，下鹽和胡椒粉少許，稍煮片時再鏟勻，下麻油，試鹽味，便成豆瓣酥 ❾，可鏟出供食。或盛豆瓣酥在塗了油的模子內，以匙壓實 ❿，倒扣在菜盤上，移去模子後，旁圍餘下豆瓣酥，可作冷食。

天狗

美國人愛狗，也曾有人說過做美國的狗，勝過做落後地區的人。聽來十分諷刺，中國大城市和香港的狗，何嘗不是這樣「尊貴」呢？

在2006年，有一齣美國電影叫「所有狗都上天堂（All Dogs Go to Heaven）」（編注：香港譯名《古惑狗天師》），說的是一隻狗的故事，非常賣座。

09年中返美，朋友來訪的多。前三藩市最著名的中餐室「翠亨村」的行政總廚衛志華跟着我們誼女一家來看我，暢談甚歡。志華自翠亨村結業後，輾轉幾家飲食場所，均不如意。在百業蕭條的美國，越南裔潘清泉（Charles Phan）的「斜門Slanted Door」餐室，卻一枝獨秀，且被選為全美十大餐室之一，他新開的第四家分店以「天狗Heaven's Dog」為名，位在三藩市Mission區一幢新建住宅大廈地下，專賣中國菜，請了衛志華為總廚。

衛志華來訪那天，帶來「天狗」的幾種點心：小籠包、燒賣和鍋貼，聲明是全部不下味精和其他添加劑，用的是美國著名有機牧場Niman Ranch供應的各種自然飼養肉類，加上用人手切肉，餡子怎能不鮮美！甚至小籠包的皮子，也是用意大利雲吞皮的方子自製，雖非正宗，但咬口也不錯，湯汁凍採用豬皮和上湯，店中特意請了一位點心師傅，專門照顧這幾種點心。我吃了一口燒賣，便覺與別不同，清鮮、爽口，隱隱有大地魚的香氣。

不見志華兩年，大家談得很起勁。他十分讚賞潘清泉眼光獨到，知道美國人非常重視食物的來源和素質，便不惜工本，實行質素管制，設立了一個中央補給站（commissary），所有屬下分店日常所需材料，均要備價向補給站認購，如此一面能依母店的標準，又能由中央控制，成本便易於計算。由於每店的性質不同，遇有特別材料需要，可向補給站申請供應。聽志華說，母店Slanted Door，Out the Door餐室，Academy of Sciences Cafe和第四間的Heaven's Dog，都用劃一標準的牛肉湯底。就算一蔬之微，也由特定農莊供應。母店賣的是傳統越南家常菜，Out the Door賣的是越南fusion菜，Cafe賣小食，而Heaven's Dog則賣簡單精緻的中國菜，每店各具特色，但都標榜高等新鮮天然作料、無添加劑，極受美國人歡迎，其門若市。

離美前一天，到三藩市針灸完畢，誼女雙親請我們到天狗吃晚飯。天狗內部裝潢極為簡單，牆上掛滿了大幅大幅不同品類的狗照片，一進門是酒吧，其餘都是方桌子，房間只有一個，可容十人。我們抵達時酒吧和座位都滿了人，但除了我們，其他沒有一個中國人的影子，看來這店子是純為外國人而設。餐單上列的不是美國大城市唐人街傳統的「竹升菜」或港式海鮮鮑參肚翅，反而像新派西菜，每道菜的主配料也明列，絕不花巧；有分小碟、鑊（即炒菜）、粉麵、肉和甜品。小碟的選擇較多，除了即點即做的幾種點心，有很多種炒時蔬，大都是有機野菜。

我們吃了不少點心，好幾盤蔬菜，自調醬料的燜五花肉伴荷葉夾餅，煎中式羊鞍，和志華看家本領的爆牛柳粒等。印象最深的是炒皺葉甘藍，嫩而不硬，是意大利人平日用來燒雜菜湯的，志華用重了蒜茸，除去菜葉的草腥，非常可口宜人。酥炸日本南瓜的脆漿混了香草，減低了瓜的甜味，反覺清新可喜。最開心的是吃到季末美國野生黃菌炒鮮玉米，黃菌幽香脆嫩，玉米是當天從鄰近Brentwood小鎮送來，超甜而鮮，這兩種蔬菜用橄欖油爆香乾葱茸和蒜茸炒在一起，整盤菜的調味就靠些許富國魚露和丁點蠔油，風味殊佳，吃罷不忘。

為什麼香港沒有這種形式的小菜館？只要材料新鮮上乘、來源分明、不下添加劑，再加上廚師匠心獨運和技巧，就是最高等的中菜了。美國大城市唐人街的中菜日趨凋零，這與飲食行業對食材的態度有關嗎？我素不評食，但感慨一番總可以吧！趁着雲南野生菌季尚未過時，在「菁雲」購得黃菌，印傭在大埔買到有機玉米，便複製黃菌炒玉米一次，很可口哩！

黃菌炒玉米

黃菌炒玉米

準備時間：1小時　費用：80元

材料

鮮黃菌........................ 60克
鮮玉米....2包，約得1½杯
橄欖油.....................3湯匙
乾蔥頭.............2顆，切碎
蒜頭................2瓣，剁碎
雞湯 ....¼杯
越南富國魚露........2茶匙
蠔油 ....½茶匙
鹽 ....少許
紹酒 2茶匙

這道看似簡單的小菜，實在精緻不過。不用説黃菌不宜用水洗，要刮去菌柄的外皮，菌蓋要掃淨，每粒玉米都是手剝而不能用刀切，一切了澱粉便會溢出，整盤菜搞垮了。美食的奧妙，就是這麼簡單，盡在不言中。

準備

1 黃菌刮去菌莖上的外皮 ❶，以小刀切去菌莖尾部和菌傘上的乾邊 ❷，以小掃掃淨菌傘內外，以薄紙包好，貯於冰箱內待用。

2 撕去玉米外皮及鬚 ❸，雙手各持玉米一頭，向上一拗便分成兩半 ❹，從斷口處逐粒剝出玉米 ❺，見玉米帶有小硬塊的，要小心剝去。

炒法 _____

1 置鑊於中大火上，下欖油1湯匙，加入玉米
　炒勻 ❶，下些許鹽和雞湯 ❷，不用加蓋煮至
　湯汁收乾 ❸，移出。

2 置鑊回中大火上，下餘油2湯匙，先爆乾葱
　至透明，繼下蒜茸 ❹ 和黃菌 ❺，兜炒數遍，
　濽酒 ❻，加入魚露及少許蠔油 ❼，玉米回鑊
　同炒勻 ❽，試味後上碟 ❾ 供食。

無眠之夜

三色菜兩款

菌姑姑黃詩敏、詩鍵姊弟，早與大師姐麥麗敏約好，要邀請認識我的雜誌編輯和記者，到她家中慶祝我在雜誌上寫稿5周年紀念。數起來一共20人；原則上一人帶一菜或食物，但上班的人馬可獲豁免。詩敏花了四個月時間重修居所，悉心建造一個效率高而設備完善的現代廚房。當天她邀請了私房菜名廚張錦祥（Ricky）來幫忙，譚強也不甘後人，自攜靈芝雞、乳豬和有機飼養草魚。我們只知大師姐會帶炒雜菇、鮑汁柚皮和馬蹄糕；小師妹會帶醉乳鴿和薰白鱔；郭偉信剛從意大利回來，會做白松露菌雜菜意大利麵；梁贊坤會帶記者們說得天花龍鳳、中大醫學院飯堂的檸檬批；楊育基夫婦事忙，帶了碩大無朋的有梗草莓和日本黑葡萄；雜誌社的大果籃，早在下午送到了。但Ricky會做什麼，卻是大家引頸以待的。

飲食活動開始了。Ricky先燒譚強帶來的乳豬，即席分切。繼着又為我們準備西班牙tapas式的炒小魷魚，原鑊盛出，鑊巨無比，蒜香滿室，大家一擁而上。原條小魷魚熟後長約一寸，妙在肚內的墨和軟骨也沒清除，不加雕琢、不刻意調味，只下些鹽和蒜茸。火候恰到好處，聲色俱備。可見平凡的作料，只要有心思，有技巧，便可烹成佳饌。

跟着食品擺滿一桌，譚強炮製的正宗鹽焗靈芝雞出場了，一下子報銷淨盡，他再繼續努力焗第二隻。詩敏燉獅子頭，黃老先生也準備了潮式鹹菜鯛魚來湊興，詩敏惟恐食物不夠，還請了君怡閣的陳勇師傅燒了兩大鍋牛膝，她先生Edward則頻頻勸酒。偉信的麵食口感剛好，松露菌味香濃，加上大師姐和小師妹的菜式和清蒸草魚，我們簡直應接不暇，更聽說Ricky的西班牙飯仍在爐上未燒好哩！

大家正在吃得高興，詩敏宣佈有儀式要舉行。詩敏、馬美慶和Ricky都說了一番令我十分感動的話，連心中的謝意也無由表達了。到贈送紀念品的一刻，詩敏捧上一大本冊頁，一看，我真的慌忙失措起來，原來是詩敏的精心策劃，大師姐加意去執行，把我5年來登在雜誌每期的稿件原版，用電腦掃描，由聯記行的小姐們印出彩頁，編成一本畫冊，而缺掉的數期，則由雜誌社同人補上，最後的一頁是每人給我寫一句話。那份情誼和鼓勵，豈又是筆墨所能形容！

品嚐過色香味俱全的西班牙飯後，甜點和水果源源上桌，這正是交誼的好時刻。我和這群年輕同文，平日甚少見面，大家熟稔只因在文章上互相認識，大有一見如故之感，而Ricky更放下名廚的身段，與我們熱哄哄地鬧在一起，煮得不亦樂乎，給我們難得的口福，倍增歡樂。這正是四美已具、二難亦并，酒美饌香的「盛饌」。

譚偉健住在大埔，由他開車送我們回家，一路上又有很多的食話，真是談個不了。回到家中已過了凌晨，打開一頁頁的食譜，感慨頓生。這5年的日子，總算沒有白過，雖然不敢說有什麼成績，但問心無愧；我一直默默在廚下努力，肩負起承傳家庭粵菜的傳統，際今快餐氾濫，生活步伐迫人，怎樣纔能提高新一代的入廚興趣，俾能維持我們的飲食健康和增加飲食的享受？

個人識淺，找不出答案，在極度興奮與沮喪憂心交雜之下，竟徹夜不能成眠。

三色菜兩款

準備時間：25分鐘　費用：30元

第一款材料

蒜芯 1紮
長頸南瓜 1塊
茭筍 3條
薑...1塊，如提子大小，榨汁
油 2湯匙
鹽........約¼茶匙(或多些)
雞湯 ....¼杯

我是個半素的下廚人，堅守菜多肉少的好習慣，但只炒一種菜便當是一個食譜，似乎馬虎了些，要加插介紹的小文更不易，不像我的作風。傭人買回來不同的蔬菜，我便分兩批給炒了。我是按色彩來分，份量要多少，下什麼調味料都隨人喜好，但下鑊先後便要考慮菜蔬的質感了。

第一款做法

1　蒜芯從粗的一頭起，摘出3厘米的長段，至不能折斷為止(因近蒜尾一頭比較多纖維)❶。

2　南瓜只用頂部，去皮，先切5厘米長，0.4厘米厚的片，再切0.4厘米的條❷。

3　茭筍去皮，順紋切5厘米段，再切0.4厘米厚片，後切0.4厘米粗的條❸。

第二款材料

藕 ....1段，約9厘米長
萵苣 1條
紅蘿蔔...1段，約5厘米長
油 2湯匙
蒜 ....1瓣，切薄片
鹽 .... 少許
魚露 2茶匙
糖 ....¼茶匙

4　置中式易潔鑊於中火上，下茭筍絲，白鑊(不用加油)烘至身軟❹，方下油1湯匙炒勻❺。繼下蒜芯，不停鏟動❻，加鹽調味，下雞湯¼杯，炒至蒜芯呈翠綠。最後加入餘油1湯匙和南瓜絲❼，倒下薑汁鏟勻，試味後上碟。

第二款做法

1 藕刮去外皮 ❶，先直切為兩半，再薄切小角 ❷。紅蘿蔔先切0.3厘米厚片，每片分兩塊 ❸。萵苣去皮撕根 ❹，取尾段約20厘米，滾刀切鑽石形的小塊 ❺。

2 小鍋內加水半滿，大火燒開後下藕片和紅蘿蔔 ❻，燒至水再開便移出瀝水 ❼。

3 置鑊於中大火上，鑊熱時下油2湯匙，爆香蒜片，加入藕片和紅蘿蔔片 ❽，不停鏟動，下魚露、糖和少許鹽調味 ❾，最後下萵苣同炒勻 ❿，試味後上碟。

提示
如欲省油，可將用油量減半。

蘿蔔與蕪菁

蘿蔔絲鯽魚湯

蔬食專家聶鳳喬先生在他的《蔬食齋隨筆》第一集內，開門見山洋洋灑灑，用了22頁說蘿蔔；從遠古說到今天，非要把蘿蔔的冷熱知識，一網打盡不可。第一句「我國是蘿蔔的起源中心。」我不敢苟同，美國蘭登書屋的《蔬菜大全（The Book of Vegetable）》中，說蘿蔔的種植，始於公元前2780年，是埃及人用作建金字塔工人的食物。又說中國在公元前500年方把野蘿蔔馴化，日本則更要遲200年。第二句聶先生繼道：「蘿蔔是我國最早栽培的蔬菜之一。」那是可以置信的。

蘿蔔是大江南北中國人最普通的食材。拿起一根蘿蔔，自然會想到所有與蘿蔔有關的飲食，我們活在當下，管它有多少年歷史！

我們日常接觸到的白蘿蔔都是長形的，但在珠江三角洲以外，有許多都叫蘿蔔而形狀不同的品種。戰時疏散到粵北，我們常吃到圓的、皮紫肉白的蘿蔔。有一年到四川成都，在青石城的農貿市場看到了嫣紅的小蘿蔔，長約三、四寸，晶瑩剔透，就想抓來生吃了。這種蘿蔔的「纓」（葉子和莖）也美得不可方物，紅青相雜，比甜菜纓更吸引，快炒很美味。此後心中念念不忘，直至一年在巴黎住下來，才有機會買來仔細品嚐，多是切片混在青菜沙律中。郭偉信時常往來巴黎，總不會忘記給我帶一袋回來，近年沙田有了city'super，偶也有出售，可惜不若巴黎的新鮮，而且沒有了營養豐富的纓，誠屬美中不足。

白蘿蔔在美國算是外來蔬菜，都由亞裔農民種植。有一種土產球形的小紅蘿蔔，大小像一顆黑葡萄，連着纓出售，最宜生吃。廣東人不懂得利用，倒是上海人會細心把紅的外皮刨去，成自然圓球，不須從大的蘿蔔修出來，與乾貝同燒上席，是宴客的重頭菜。

日本的大蘿蔔，叫做「大根（daikon）」，氣味比中國蘿蔔淡，價格也較高。日人佔領香港，帶來了蘿蔔文化，經過三年零八個月苦難日子的香港人，當時敢怒而不敢有所作為，對無蘿蔔不歡的日軍，都稱他們為「蘿蔔頭」。有一種黃色的醃蘿蔔，想來不是原色的，只要你到東京大百貨地庫的超市，陳列的醃蘿蔔之多，令人眼花繚亂。今天日本菜橫行香港，年輕一代只顧潮流和口腹，哪會想到那麼多。

韓國店子的白蘿蔔，質感近乎日本的，有些用大量的紅椒粉醃了，也看不出它的廬山真面目。蘿蔔絲混在小黃瓜內的changachi，脆得彈口，辣得滿天星斗。廣東人喜歡吃醃蘿蔔，

我們稱它為菜脯，用菜脯做的家常小菜，數之不盡。總之，蘿蔔與我們日常飲食密不可分，不用說街頭小食的炸蘿蔔餅、點心桌上的蘿蔔絲酥餅、蘿蔔碗糕等等了。

外子很愛吃蘿蔔，每年冬天，白蘿蔔當造之時，肥大汁多，脆嫩清爽，就是我家的常菜。不論切骨牌件或切滾刀塊，用以煮湯，與肉同燜或炒，尤其切絲與粉絲蝦米同煮，是我孫兒們的至愛。到了農曆年，蘿蔔糕更是不可或缺。以前我們常飲用耙齒蘿蔔鮮陳腎南北杏湯，可清熱解毒，近年耙齒蘿蔔遍尋不得，想已被淘汰了。青蘿蔔除了燒湯，也可切細絲用鹽稍醃，擠乾水後涼拌，有天然的辣味。

蘿蔔英文名radish，外皮顏色多彩多姿，白、紫、嫣紅帶白、綠中帶白、黃土色，甚至黑色都有，但一切開了，內心潔白無瑕，只有青色的蘿蔔才是全青的。北京有叫「心裏美」的蘿蔔，想是內裏顏色紅白斑斑的，惜我未見過，更未嚐過。

很多人把蘿蔔與蕪菁（turnip）混為一談，雖然兩者都屬十字花科（Cruciferae），卻不同種。蕪菁看似蘿蔔，但肉質結實得多，而且味也深厚。有一種黃色的蕪菁（rutabaga），源自瑞典，又稱swede，用來燒湯或燜肉，咬口比蘿蔔實在得多。另一種紅蕪菁，皮紅肉白，在歐洲十分吃香。第一次世界大戰時德國鬧糧荒，只靠蕪菁為主糧，至今德人提起猶有餘悸。

蕪菁的葉子，可作菜用，富含植物化學物（phytochemicals），廣受營養學家推崇，現在種植蕪菁取葉的風氣極盛，意大利人視之為珍蔬，在飯內、湯內、麵食內都放一大把，只曉得吃嫩菜薳的香港人，聽到了簡直匪夷所思哩！

材料

白鯽魚	1條，約500克
白蘿蔔	350克
油	1湯匙
薑	1塊，拍扁
紹酒	1湯匙
青葱	2棵，打結
水	8杯
鹽	½茶匙 +1茶匙
白胡椒粉	¼茶匙或隨量

蘿蔔絲鯽魚湯

準備時間：45分鐘　費用：20元

朋友譚強送來有機飼養的白鯽魚一尾，還有最後收成的有機白蘿蔔，正好燒一鍋有機魚湯。街市上的鯽魚真的十分便宜，連蘿蔔加起來不用20塊錢便可燒一大鍋奶白的濃魚湯，也不須用老火煲足整個下午，很划算。

煮法

1　蘿蔔刨皮切粗絲 ❶，浸在水內以去辣味，用前瀝水。

2　鯽魚洗淨魚腹，清除魚血，拭乾，以鹽½茶匙擦勻。

3　平底易潔深鍋置中大火上，燒至鍋熱時下油，加薑塊入鍋 ❷，稍爆後鏟向一旁，放鯽魚入鍋 ❸，改為中火，煎至鯽魚在鍋內可滑動時，便翻面再煎其餘一面至兩面金黃，加入葱結爆香 ❹，潷酒，跟着下水8杯，加大火燒至水開 ❺，即見有泡沫浮在面上 ❻，以密眼小篩隔去，加蓋，煮至湯汁呈奶白色。

4　翻魚至另一面，加入蘿蔔絲 ❼，蓋回，伺湯再燒開後改為中火，煮約25分鐘，隨人喜好下鹽和胡椒粉調味，供食時原條盛出鯽魚，另跟生抽熟油作蘸料。

鍋塌與鍋貼

鮮菌鍋塌豆腐

女兒和女婿從美國到張家界看風景，路過香港，美其名曰省親，但來去匆匆，雖然住在我家，每日馬不停蹄，大家見面的機會不多，想她幫忙做幾道菜，倒不容易。

她問我要帶些什麼來，我說在香港最難買到好的洋蘑菇，本地培養的質如木柴，淡而無味，澳紐進口的多經冷藏，濕漉漉的早變了色，只有荷蘭運來的「有時」會滿意，你最好在上機前到農人市場買些未經冷藏的蘑菇來吧！如果然手提來白蘑菇和棕蘑菇各少許。因為好蘑菇難求，平日我甚少以之入饌，於是順水推舟，打算用蠔油燴鮮蘑菇豆腐做個食譜。

自從女兒提早退休，入廚藝學院畢業，在一家fusion餐室當了兩三年的副廚，也文也武，平日已經諸多頂撞，如今有求於她，說話更多了。

2009年是萬里機構50週年紀念，打算把我的家常菜譜改成全集。對於這套書，有些錯漏或該改善的地方，都可趁此機會重新校對。我把責任交給女兒，要她在回港前全部校對一次。她很不客氣說，剛讀完各集食譜，以前用不同的菌類蠔油煮豆腐的菜譜已有好幾個，若將所有食譜分類排在一起，簡直是自行重複，盡露己短，她還質問我難道燒了這麼多年的菜，竟然想不出新招一二！

這一口烏氣真難受。自背患後不良於行，我真的「老化」得快，不能回美國的家，不能出門旅遊，不能吃外面的商業食物，不能親自上街市買菜，也乏力煮幾味拿手菜和朋友共享。沒有新意自是意料中事，但遭女兒斥白心中實有不甘。忿悶之餘想深一層，覺得她也不無道理。

難道為了省油省事，豆腐只得煮、蒸兩法？我什麼時候變得這麼屈就潮流了？

豆品和菌類是我家的常菜，就算現在也與肉類等量齊觀。以前自己製豆腐、烹紅燒豆腐、煎釀豆腐、炸豆腐、鍋塌豆腐，這些佳味都因健康關係而消失，如今只剩下老少平安和蠔油煮豆腐了（連蠔油也只能用從日本輸入的那一種）。其實紅燒豆腐最為可口，豆腐外皮炸脆了，再用冬菇紅燜上味，加些青菜，那是比肉還勝！

我仍堅持在家廚內用油炸法可免則免，所以多時我會選「鍋塌」一式。當今的易潔不黏底的平鍋，一般質素都很好，省油省事，符合環保和健康原則。「鍋塌」，並非源自粵菜，而是京菜，是將原料先撲乾粉，再在蛋液內一拖，放在鑊上兩面煎黃，加入適量的雞湯同煮，使「塌」過的材料有嫩滑的口感，同時也因為有雞湯和不同的調味料，味道可以滲入。

聽起來「塌」和「貼」兩字很相近，但切不要將「鍋塌」和「鍋貼」混為一談，在烹調技法上是有分別的。雖然兩者都是將食材緊貼鍋內，鍋塌是食材兩邊都塌在鑊上的，但鍋貼是用上、下兩種材料，底的一塊多用肥膘肉，面上的可以用魚塊、魚膠、雞片、雞茸、大蝦、蝦膠等等。一般的「鍋貼」菜，用的是半煎炸的方法，務要將貼在鑊上的底塊煎至香脆，讓上面的仍保持軟嫩。鍋貼素菜的底，可用麵包、澱粉質根瘤植物，比用肥肉較為健康。

歸根結底，豆腐仍以蒸煮法為尚，但偶然改變口味，也未嘗不可。

鮮菌鍋塌豆腐

準備時間：25分鐘　費用：約30元

材料

盒裝煎炸豆腐............1盒
鹽........½茶匙(分兩次用)
雞蛋.........................2隻
粟粉.........................⅓杯
油.............2湯匙+1湯匙
白、棕蘑菇各........150克
蒜...................1瓣，剁茸
薑...................2片，剁茸
白醋.....................½茶匙
紹酒.....................1湯匙
雞湯.........................1杯
包尾麻油................1茶匙

調味料

蠔油.......................2茶匙
頭抽.......................1茶匙
糖..........................½茶匙
鹽..........................⅛茶匙
胡椒粉.....................少許

鮮菌不一定要用洋蘑菇，街市上的各種鮮菌都可以用，也不限只用兩種。如能買到板豆腐則更佳。調味料也可隨意：甜酸辛辣俱可。

準備

1 蘑菇去蒂，用小掃掃去雜質，再用微濕廚紙揩淨。

2 盛豆腐在平碟上，平均地撒下一半的鹽 ❶，先從短的一方分切為8塊 ❷，每塊平分為兩件 ❸，再撒上餘下一半的鹽。用前將碟上水分瀋出。

3 用兩隻碗分盛粟粉和打散蛋液待用。

鍋塌法

1 置厚身平底易潔鑊在中火上，下油2湯匙，待熱。

2 是時手執一塊豆腐，放下粟粉內使四周沾滿 ❶，拍去多餘乾粉。將上了粉的豆腐放下蛋液內拖勻 ❷，逐塊放下鍋內 ❸，煎豆腐至兩面金黃 ❹，蛋糊變硬便鏟出。

3 置鑊回中大火上，下餘油1湯匙，爆香蒜茸和薑茸 ❺，加入兩種蘑菇 ❻，不停鏟動至受熱均勻，下白醋保色，潛酒，繼倒下雞湯燒開 ❼，加蓋煮3分鐘，加入豆腐和調味料 ❽，煮至汁液收為一半時吊下生粉水，鏟勻 ❾，試味後加麻油包尾 ❿，上碟後撒下葱花供食。

愛蓮說

自小便與蓮結不解緣，最冀盼的是夏天蓮蓬新上市時，央得祖母給我買一把，有五六個，都養在水桶裏，午後獨個兒到花園找個陰涼的地方，坐下來拿起蓮蓬，一粒一粒地吃。先把嫩綠的蓮子從蓮蓬逐粒剝出來，去掉皮後露出粉紅的膜，蓮子的頂部還有一小塊黑色的蓋，我都會細心地撕去，經過一番工夫，纔吃得一口。可能小孩子有太多的時間，在暑假沒事可做，剝蓮子實是個人的一大享受，而鮮蓮子的清甜，確是別的食物無可比擬的。我自私得不肯和堂兄弟姊妹分甘同味，就算我自己的哥哥，我也很勉強纔分幾粒給他吃。

但大家引頸以待的就是我家一年一度的冬瓜盅，每人分得一小碗，裏面有的都是如珠如寶的好東西：田雞腿、雞肉粒、蝦粒、蟹肉、火腿、瑤柱、冬菇，還有鮮蓮子、鮮草菇、夜香花和綴在冬瓜盅上最吸引的蟹鉗。這幾種珍蔬，在季節性分明的年代，一過了時便要待來年了。

這種江式的冬瓜盅，一直傳下幾代，我已去世的哥哥，在美生活了數十年，思想和習慣上都已美化，但對冬瓜盅情有獨鍾，依依不捨，更加不能忘懷在美國找不到的鮮蓮子、夜香花和鮮草菇。若缺了鮮蓮子、鮮草菇和夜香花，引起的記憶就是「不完全」！這幾年的夏天，我有時會留在香港，雖然各料俱備，但因為哥哥的離去，再提不起心緒做這道傷情的菜饌了。

除了蓮子，夏天還有很多與蓮有關的好菜式。蓮葉為用之大，數之不盡，煲老火冬瓜湯可以祛暑；墊在小蒸籠內，加些雞塊冬菇火腿，包好蓋起蒸熟，一打開清香撲鼻；包着炒飯去蒸，是粵菜著名的點心荷葉飯；若包着糯米和雞去蒸，是鮮蓮葉糯米雞。現時的新派廚師，憑着一片鮮蓮葉，一個小蒸籠，在夏天可以盡行發揮，什麼籠仔蒸基圍蝦、籠仔蒸蟹的，蒸個不了。鮮蓮葉過造後，乾蓮葉上場，可以包糉子，更無論長年都有的荷葉粉蒸肉了！

蓮子長老了，可以曬乾，有去皮的和帶皮的。《本草》上說蓮子能交心腎，厚腸胃，固精氣，強筋骨，補虛損，利耳目，除寒濕。廣東人最喜用蓮子來做甜食，蓮茸是點心餅食的重要餡子。我們的甜湯如綠豆沙、紅豆沙都會加一把蓮子同煮，煲老火湯的例子更不勝枚舉了。蓮鬚、蓮梗、蓮花都可入藥，可說渾身都是寶，它的地下莖蓮藕，是最普通的家常美味作料。

蓮的生態有自然的循環，從十二月至一月是蓮藕收成的時間，質素以此時為最佳。農人把最頂的幾節藕作再生的種，放回土中，到了二、三月，荷田吐露新芽，四月至五月蓮葉開始長出水面，蓮花含苞待放，六七月是賞蓮的季節，花海一片，開始有蓮蓬了。此後花海持續至近冬天，荷葉漸枯，生在泥中的藕則日見肥大了。

今日有了新科技的種植，市上許多蓮藕都碩大光潔，裝在真空袋內，使我不由得懷疑這些好看的蓮藕是否經過基因改造？包裝時是否下了防腐劑保鮮？在冷凍庫內儲存了多久？

說到真正的味道和質感，我發覺這些美麗的蓮藕大多不夠粉綿，甜味不足，加長了烹煮時間亦無濟於事。選購蓮藕不獨要選季節，也不要以貌取之，還是挑些整條而未經處理過的為佳。

雞肉蓮藕餅兩吃

準備時間：35分鐘　費用：30元

材料

本地蓮藕	400克
雞胸肉	150克
臘腸	1條
冬菇	3隻
油	2湯匙
紅葱頭	2顆，拍扁
鹽	¼茶匙滿
青葱、芫茜	各1棵，切小粒
煎藕餅用油	2茶匙

雞肉調味料

水	1湯匙
雞蛋白	1個
紹酒	1茶匙
鹽	¼茶匙
胡椒粉	⅛茶匙
糖	少許
生粉	1茶匙
麻油	1茶匙

這是江家的好菜，藕餅分葷素，素的炸香了甜竹切碎，拌上乾草菇粒，與藕茸拌在一起蒸，清中帶濃。葷的用雞胸肉去蒸，清淡而別有風味。藕餅既可蒸也可煎，葷素俱宜。

準備

1 冬菇浸軟，切小粒。臘腸亦切小粒，如綠豆大小。

2 蓮藕刮去外皮 ❶，浸在淡鹽水內以防起鏽 ❷。

3 雞胸肉去筋膜，先切絲 ❸，後切小粒，置碗內，先加水與雞肉拌勻 ❹，待水吃進後下蛋白拌好 ❺，最後下各項調味料同拌勻 ❻，放在冰箱內冷藏待用。

4 在大碗內用大孔芝士磨將蓮藕磨成茸 ❼，加在雞胸肉內與之拌勻 ❽。

5 置中式易潔鑊於中火上，下油爆香紅蔥後棄
　去，將油倒在藕茸內，加冬菇粒和臘腸粒下
　鑊同炒片時，鏟出至藕茸內 ，最後下鹽調
　味，加入蔥和芫荽同拌勻 。

煎法

將一小部分藕茸做成小圓球 。置平底易潔鑊
在中火上，鑊熱時下油約 2 茶匙搪勻鑊面 ，
排藕丸在鑊上，以鏟按扁 ，先煎香一面 ，
翻面再煎香其餘一面便可鏟出 。

蒸法

將餘下藕茸放入直徑 12 厘米的深碟內。置蒸
架在鑊內，加水及蒸架之高度一半，大火燒開
水後，放整碟藕餅在上，加蓋蒸 15 分鐘  便
熟，供食時可將煎藕餅放在一旁同上。

可持續遠景

這十多年來，美國的綠色運動，推行得如火如荼，各大小城鎮都興起農人市場，鼓勵小農恢復有機耕種，高級超市除了設立有機蔬菜部門，更屬行標籤制度，禽肉分自然和非自然飼養，海產也分野生和飼養，使消費者可自由選擇。

在這風氣影響之下，在農業密集的省份，冒起了不少綠色農莊，完全摒除大規模牧畜或種植，各自發揮綠色力量，成果雖然不能與工業性的有機農業運作可比，但這一群有心人，都得到大眾的支持和表揚。在美國南部維珍尼亞州、山南杜亞谷一家叫「多面農莊（Polyface Farm）」就是一個傑出的例子。

多面農莊是一個牧場，主人叫祖堯·沙利田（Joel Salatin），上兩代已務農維生，1961年祖堯購入荒置的100畝牧場，精心研究後大力發展，專事養牛、雞、豬、羊、兔、火雞和下蛋的母雞。農莊擁有400個忠誠客戶，由多家分銷店零售。他稱自己是「草農」，萬事俱從地上的草開始。

一交春分，撒在地上的苜蓿種子，從地下蚯蚓的排泄物中長出新芽，祖堯從欄中放出牛隻，享受當時得令的嫩綠沙律，數天之後，待草再行生長時，他便把他自己設計的活動雞舍卡車，駛到牛吃過的草地，把母雞放出來，啄食牛糞中的蠅蛆，這樣雞可以把牛糞翻鬆作肥料，同時消滅寄生蟲，一舉三得。祖堯稱他的雞是「衛生幫」，在地上鋪上數以千磅的氮肥，也生下味美的雞蛋。從這個階段起，展開了他的可持續農牧（Sustainable farming）。

牛隻不斷更換草地，雞也跟着吃牛糞的蛆，牛不願吃苜蓿草堆中長出的蕁麻和一些雜草，祖堯又讓羊來收拾殘局，清除草原。他不斷的趕牛、羊、雞、火雞，像游牧民族，逐草而活；從春至夏，從夏至秋，草枯天寒，他便為牛隻準備過冬了。他的牛欄四周通風，可容100頭牛，每天餵給牠們25磅稻草，牛排出50磅的糞便，每隔數天，他把木屑、枯葉或稻草蓋在糞便上，作為牛隻的被鋪，他又會在木屑上薄薄地撒下一層玉米，繼續加添木屑、枯葉和稻草，一個冬天下來，可積得這樣的糞肥層足有三尺多高。而玉米在牛糞中發酵，產生熱能，使牛欄溫暖。

到了三月，祖堯放牛出欄，輪到豬來寄宿了。豬的嗅覺很敏銳，它用長長的鼻子把糞肥層推鬆，找出帶酒味的發酵玉米享用一番。有豬幫忙鬆肥，施肥在草地上容易得多了。於是苜蓿長得肥美，牛吃得開心，雞來清糞便，啄食蛆蟲，羊又跟着來清野草，豬負責翻肥，火雞到果園除草，啄食葡萄的害蟲，

循環不息，不靠外來的飼料，土地的養分不因養活了這一大幫動物而耗失，而能夠保持原有的自然狀況。這就是祖堯口中常說的可持續性。他傲稱自己的產品是「比有機更要有機」的潔淨食物（clean food）。

多面農莊的運作極度透明，歡迎觀光客，祖堯親身導遊，還四出演講，宣揚他的理念。他認為多面農莊是一種救贖的事業：他醫治土地，醫治食物，醫治經濟，更醫治文化。他招收學徒，只限4-6位，學習期起碼四個月，駐場實習操作和管理。他太太和兒子都親自加入工作的行列，留在農莊中或分銷處幫忙。

他的環保是徹底的，不設送貨，要買他的產品嗎？要不自己到取，或者到他指定的分銷處購買。華府的大餐廳都是他的常客，眾人稱道，口碑遠播。

在他潔淨的農莊裏，青草吃的是陽光，禽畜吃草，循環再造，持續連綿。因為美國地大物博，祖堯方能有機會去實現他的理想。在諸多禁制的香港，我們只能當故事來聽，心存敬慕而已，僅能做到的，就是少吃耗費大量穀物飼料的肉類，多吃本地生產的蔬果，減低運輸所耗原油，平日少作無謂的物質浪費，為下一代着想。

材料

茭筍	10枝
油	2杯
大孖牌手揮生抽王	2湯匙
老抽	½茶匙
白糖	1湯匙
蒜	2瓣，拍扁
鹽	少許
麻油	1茶匙
紹酒	2茶匙

生抽王乾燒茭筍

準備時間：20分鐘　費用：30元

自從印傭蘭美發現了大埔街市的有機菜檔，我們便轉吃有機蔬菜了。一天她告訴我見
到有機茭筍，問要不要買？我說真好。但可惜不夠食譜所需，所以有30%是非有機的，
正好比較一下。有機的質感較結實，味也較鮮甜，正是最怕貨比貨了。

準備

茭筍剝去綠色外皮❶，
刨去厚衣❷，切滾刀
塊❸，留用。

乾燒法

1 置中式鑊於大火上，鑊熱時下油2杯，改油
溫為中大火，燒至油面略起輕煙時便是夠熱。

2 分茭筍為兩半，先將一半投下熱油內❶，不
停鏟動❷，至茭筍塊呈現微黃，外皮起皺
❸，便鏟出至炸篱內瀝油。

3 將油重行加熱至先前之溫度，加入餘下一半
茭筍塊，如前法不停鏟動至筍塊色呈微黃，
便連油倒在炸篱內瀝油，留油約1湯匙在
鑊，關火。

4 倒炸好筍塊在多層廚紙上，吸去多餘油分。

5 中大火燒熱原鑊，下蒜瓣後爆香，夾出棄去，
下白糖炒片刻❹，繼下生抽王及老抽，煮至
起泡時❺即投下所有筍塊❻，不停鏟動至每
塊均沾上醬油❼，試味，隨各人口味決定是
否下鹽，灒下紹酒，加麻油鏟勻上碟❽。

毋「色」毋「相」

不要以為我道行高，在説佛偈。我不是説《心經》的「無色無相」，而是説在家廚燒菜，要求自然，毋需整色整水，也毋需刻意注重賣相。

食材各有本色，配搭得體便像自然圖畫，過分渲染反而變得俗氣造作。1980年代香港廚子受到國內工藝菜的影響，也搞起蔬雕和花式冷盤來了。畢竟香港的步伐急劇加速，這種中看不中吃的看菜，費時失事，漸而被淘汰。但自從日本菜盛行，擺設精緻和盛器優雅的賣相，顯然是成品的一部分。再加上千禧年後法國菜、意大利菜的名廚紛紛進駐香港，每一盤菜都精心裝設，而近日甚囂塵上的分子美食，就像一幅幅色彩繽紛的圖像，使港人眼花目眩，對賣相另眼相看。

不是每一位西廚都是分子美食專家，許多法國三星名廚也批評這種把食物先行破壞而後重建，化為一陣泡沫，一坨厚漿，一塊薄冰，只有食材的味而無形的菜式，實是浪費。我無緣到西班牙 El Bulli，但名廚 Ferran Adria 的徒子徒孫滿天下，在美國大張 El Bulli 旗幟的廚子，亦不乏人。我有幸品嚐過數次，也認為三星廚子的評語不無道理。郭偉信2007年夏卒於到西班牙吃到了，問他意見，他説食物很美麗，很有趣，味道也很好，就是沒有質感，到他牙齒都掉光了，他一定會再去嘗試。

幸而在家廚中，好菜只求好味和適口，色和相都是次要了。

最近做了蟹肉魚肚羹，是浸雞的副產品。我給新來印傭上的第一課就是浸雞的技法，所以她每次去買菜我都會叫她買雞回來。我喜歡芝麻雞，取其體形小，恰夠我們兩餐之用。她很快便掌握到浸雞竅門，不讓我費心。我們不敢吃雞皮，雞浸熟後通常把皮撕掉，只取兩隻雞腿和雞翼的肉，撒點海鹽調味，其餘的全都放回浸雞的湯裏，加些火腿，熬成約三四杯雞清湯，用來做各種湯羹的湯底。

説到魚肚，安記海味潘權輝先生告訴我，這幾年大陸商人已懂得直接到原產地搜購海味，能供應香港的量日少，刺激了各種海味價格步步上揚，真正的鱉肚既難求，價又昂。他特別介紹我用有一種產自非洲肯亞湖中養殖大魚的魚鰾，叫「鴨泡肚」，成筒形，故又稱花膠筒，厚身的質感軟糯，是最近似正花膠的代用品。因為是養殖出品，合乎環保原則，從此我便用上了。

我背患多年，皆因脊椎有兩節間的軟骨全部退化而致相連，行動時引起劇痛，中西醫都認為無可救藥，我唯有多食富膠原質蛋白的食物，花膠筒就是我的首選。我還教了印傭蘭美怎樣利用微波爐去爆花膠筒，早上做，晚上便可用，或者頭一晚爆，浸一個晚上，翌日便發好了。

外子喜歡蟹肉的清鮮，但又怕殼，所以用蟹肉做什麼菜他都肯開懷地吃。現在整個烹調的過程蘭美都可以獨立處理了。讀者請不要覺得這道魚肚羹看似白茫茫一片，無色無相，但入口有雞湯的鮮甜，花膠筒既爽又糯的咬口，還有豐富的營養價值，不妨試用，不要嫌花膠筒不夠高級纔好！

蟹肉魚肚羹

浸發時間：1天　準備時間：40分鐘　費用：視乎所用花膠筒之大小而定

材料

花膠筒......... 1塊約150克
油..........................2茶匙
生薑 ...... 30克，切塊拍扁
乾葱頭.............2顆，拍扁
上湯 4½杯
火腿 1塊約30克
藍花蟹..... 2隻，蒸熟拆肉
胡椒粉及鹽...........各少許
雞蛋 .... 1隻，只用蛋白
鹽...............適量（如需用）

芡汁料

雞湯 ....½杯
生粉 2湯匙
鹽.............................. 適量
糖..........................½茶匙
胡椒粉.....................⅛茶匙
麻油 1茶匙

花膠筒有不同的大小和厚薄，價格也因之而異。市上的魚肚分油爆和砂爆：油爆的不耐貯，會有舊油味；砂爆的較佳，但比未爆的貴五成，不划算。最便捷的是買備乾花膠筒在家，隨時自行用微波爐去爆，加熱時間視乎花膠筒的厚薄而定，最保險的做法是守在微波爐前及時取出。

準備

1 花膠筒放在微波爐轉盤上 ❶，校時間2分鐘，以大火（100%）加熱，不久便見花膠筒在轉盤上逐少爆脹，不停移動並發出卜卜聲，繼續加熱至花膠筒不再發聲並停止移動，即表示已爆透 ❷，立即從爐中移出，投下一大鍋正在燒開的水中 ❸，煮至發大的花膠筒逐漸變軟、能為大鍋所容為止，蓋起，攔至水冷便可用。

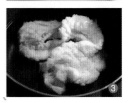

2 浸透的花膠筒剪成長條，約2厘米寬 ，再切成方丁  汆水後待用。

3 火腿先切出2湯匙腿茸，其餘切片，置小碗內，加上湯 ½ 杯蒸成火腿汁。蟹肉放在小碗內，加些許鹽和胡椒粉去腥 。

煮法

1 大鍋內以油2茶匙爆香薑塊和乾葱頭 ，移出棄去，加入魚肚丁兜勻，灒酒 ，加上湯 ½ 杯煨過，倒出瀝去湯汁，留用。

2 洗淨湯鍋，把餘下的 3½ 杯上湯倒入 ，撒入火腿茸（留出少許作裝飾），中大火燒開，加入魚肚和火腿汁 ，煮至湯再開時改為小火，煮約15分鐘使入味。

3 拌勻芡汁，吊下湯內，不停攪拌至湯稠 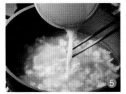，下蟹肉，再煮5分鐘 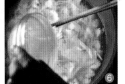，打散蛋白，拌入湯內 ，試味，可酌加鹽，便可裝碗供食。

守門大將軍

　　記得我説過，家中的燕窩，不是用來養顏補身，而是用來守門口的。

　　外子在以往30年，經過多次的大手術，往往手術後胃口大受影響，尤以1995年食道手術的康復期最長，膳食的問題極為嚴重。他口味的挑剔，不是營養師可以解決，也不是烹飪家所能幫忙，更不是像我這長日下廚的煮婦所勝任。

　　幸而在80年代末期，中文大學生化系的江潤祥教授專心研究燕窩，卓有成績，引出中大人的燕窩熱。校內互相在書院間傳遞江教授的論文，紛紛請他作學術講座，介紹燕窩的選擇、用法和食療效用，大家對燕窩有了正確的認識。

　　燕窩的療效原來在於它的成分，其中的蛋白質居53%，而它的蛋白質與其他的高等山珍海味不同，獨具大量生物活性之蛋白分子，對人體之滋補復壯有很大的作用。江教授直接告訴我，手術後食用燕窩療效最大，更可促使傷口癒合。

　　也算是歷史了，現在提起猶有餘悸。1995年外子在食道上左邊上長了一個憩室（diverticulum），足有新奇士橙那麼大，不能吞食物，每食必嘔，美國的腸胃專家認為非開刀不可，否則長至爆破時便會極其麻煩。這項手術比他在1984年心臟搭了五條旁道還要驚心，外科醫生在手術前把全部程序詳為我們解釋。當時聽來十分驚人，幸喜結果手術非常成功，留院十天便安然回家。

　　這是一段終生銘記的經驗，照料這種情況的病人最大的挑戰是飲食。醫生的囑咐是少食多餐，避免過硬的固體食物，要盡量迎合他的口味而又以不失營養為主。在步步為營之下，手術後的初期我給他吃流質的食物，諸如以濃上湯做的瓜茸、菜茸、薯茸，拌進些雞茸，使易於下嚥，再加上每天一罐加營素（Ensure），但仍未能供應起碼的熱量以維持體力。

　　後來記起江潤祥教授説過趁手術後最好多吃燕窩，對傷口癒合有幫助，外子體外和體內的傷口這麼多，我便以平常心把燕窩作為他的日常膳食，用得非常隨便，只求療效，不計其他。當時他最能接納是雞茸燕窩羹：有上湯、稠湯的澱粉和一塊塊加了蛋白攪拌的雞茸，像吃雞片粥一樣，是十分適口的。如是三個月後，正如醫生所料，他恢復正常飲食，渡過了一大難關。

　　之後他經歷了除膽和割寬膽管兩次微創手術，疝氣的小手術。我管它是什麼手術，一定「灌」他燕窩兩三個月。為了防患於未然，我只要有空暇，時常會弄杏汁燕窩當早餐。這是「太平時代」我家在沒有壓力下的享受。

　　2007年他在一兩個月內掉了十多磅，起初沒有胃口，繼而吞食後嘔吐，情形與12年前如出一轍。在中大醫學院的專科醫生悉心料理之下，經過多次的高科技檢查，仍找不出病源。雖然因為他長期食用一種壓抑胃酸上湧的特效藥，引致胃黏膜改變，胃內形成了幾十粒息肉，在內窺鏡檢查時已即時拿掉，但醫生説這不足構成消瘦和嘔吐的癥狀。很奇怪，這幾天嘔吐卻無端停止了，可以吃點軟的東西，不用説，我家這守門大將軍又派上用場了。

雞茸燕窩羹

燕窩浸發時間：6小時或以上　準備時間：40分鐘　費用：試乎所用燕窩之品質而定

材料

印尼屋燕盞	28克
雞胸肉	100克
頂上湯	2杯
火腿茸	2湯匙
鹽	適量
生粉	2湯匙＋上湯¼杯

雞茸調味料

冷上湯	½杯
生粉	2茶匙
紹酒	1茶匙
胡椒粉、糖	各少許
鹽	⅛茶匙
麻油	¼茶匙
蛋白	1隻

摯友黃景文時常往來印尼和香港，而他又與一家屋燕製造公司稔熟，每次他都為我們帶來優質的印尼屋燕。雖說屋燕療效比不上洞燕，但現時洞燕難求，吃屋燕總比不吃的好。平日做杏汁蛋白燕窩我會用燕餅，若為療效，我用的是燕盞。想讓他多點半固體的食物，我做的雞茸比較稠，是成片狀的。

準備

1 **燕窩發浸法**：盛燕窩在中碗內 ❶，加水浸至碗邊，至脹發飽和 ❷ 後用手輕攪，若見有幼毛浮在水面，便小心把水潷出，幼毛即隨水流去，再加水至碗邊，多攪一次，試再潷水，浮毛是時已大部分去淨。（除非見有特別粗黑的毛雜處其中，便要用小鉗揀出。）將燕窩連浸水＊一起放入容量2公升的小鍋內，不加蓋，以中小火慢慢煮至燕窩呈透明狀 ❸，質地似果凍（jelly）❹ 便關火，加蓋焗至冷便可用。

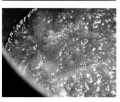

提示

江潤祥教授認為燕窩浸水數小時後，一部分的營養素會跑到水裏，故不要瀝去。

2 **打雞茸法**：置雞柳於工作板上，一手按着雞柳的粗筋，用刀把肉刮出來❺。胸肉亦置板上，有膜的一面向下，沿筋先片出小邊的肉❻，將胸肉翻向另一面，膜向上，挑出厚膜❼，沿肉紋粗切成約1厘米丁方塊，放入攪拌機內，次第加入調味料，最後下蛋白，高速打至成稠雞茸❽。

煮法

1 厚身易潔中鍋內加入上湯，置中火上燒開，加入燕窩❶，倒下火腿茸❷，留些許作裝飾。

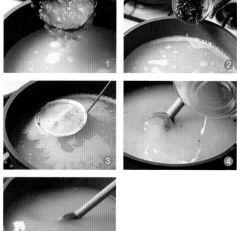

2 煮至湯開時便使用密眼小篩隔去湯面浮泡❸，調勻生粉及上湯，倒下沸湯中❹，不停攪拌至湯稠❺。

3 從攪拌機直接倒出雞茸入湯中❻，稍待使凝成小塊❼，試味後盛出，撒下留出的火腿茸在湯面作裝飾。

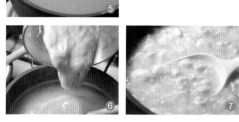

越南菜

我住在加省矽谷的邊陲聖河西，市中心加省州立大學附近，原先有兩個亞裔社區：日本埠和唐人埠，一向各自保持文化上的特色，使矽谷這個電子工業中心更形複雜有致。自從越南人得到美國政府的大力援助，加上他們刻苦耐勞的性格，很快便冒出了頭，在經營食品超市這行業，一日千里。往日的日裔和華裔見勢色不對，都覓地為良，相繼遷出，結果這兩個社區，差不多都變成越南人的天下。

聖河西雖說是有唐人街，但在70年代，那邊只有一兩間中藥店和幾家餐館，我們要買中式伙食，仍得要開車往三藩市。到了80年代中期，大型的亞裔超市陸續出現，大半已由越南人控制，貨式齊備，方便所有東南亞人口，大家再不須徒勞往返，費時失事。到我們在1993年退休回美，越南人在聖河西之北近郊、680公路旁、美必打士市一帶，已建有多所大型的購物中心，儼然是個越南城。洛杉磯的橙縣也有同類而更具規模的越南埠。

這些越式大型購物中心，除了供應越南貨品，也有很多服務行業，諸如理髮、美容等等。替我女兒剪髮的是一位來自越南的廣東人，輾轉來美後接受培訓，入了理髮這一行，手藝極佳，所以我也讓她為我剪髮了。中心內必有一家大規模的中菜館，越南人的婚喪嫁娶，都在那裏聚集。女兒因利乘便，也常和家人一起去飲茶。

在中心的那邊廂，越南小食館有如星羅棋布，窗櫥上漆了一個大「Pho」字的，門前坐滿了人，大家慢條斯理撕呀撕，把面前一碟碟香草諸如鵝蒂啦、薄荷葉啦、金不換啦，撕好了放在用生菜葉包着的炸春卷內，蘸些粉紅色的酸汁，吃得五滋六味。又或把香草撕入一碗碗的牛肉河粉*內，香氣四溢，我們真有聞香下馬的興致，但不知怎地，竟沒有和越南人一起坐下來。也許我沒有吃越南菜的經驗，好奇心則有之，卻缺了親身體驗的意願，也可說是不曉得怎樣去吃，怕出洋相。

一直到了退休後再回香港，與失散近20年的第一屆學生麥麗敏連絡上了，知道她在鑽研越南菜，請了一位大師教她燒正宗的越南菜，也吃到她的生熟牛河、炸春卷、凍粉卷、越南沙律等等，風味極佳。後來我和偉信在法國十三區的唐人街，與法國人擠在一起吃同樣的東西，對越南的食品有不同的觀感，覺得麥麗敏的湯底，比店子的還要鮮味得多，而且也較清純。

其實在2002年，我和百多位崇基校友一起坐郵輪到夏龍灣，上岸時吃過一頓給遊客吃的越南餐，就此而已，認識不夠深刻。到了2003年，郭偉信的越南食譜將要出版時，序言是由他的好友 Annabel Jackson 寫的，但出版社的譯文完全沒有越南飲食的意味，偉信請我重譯了。Jackson 在越南居住了一段時期，醉心越南的生活，她在香港是位知名英語作家，也寫過兩本越南的食譜，她在序言中生動的描寫，使我讀來有如置身河內的街頭，享受小食的情調。後來偉信又請我校對這本食譜，更引起我對越南菜的興趣。

事隔多年，近日偶然想起麥麗敏的凍粉卷，便請她替我買齊材料，大家一起做了。可惜米紙是小的一種，操作不易，而且拍攝時凍卷堆得太密看不清楚，結果要從頭做過。我不想再勞煩麗敏從香港趕來，改由美國剛回來的女兒上陣了，她在聖河西一家越南fusion菜館當了兼差副廚也有一段時期，駕輕就熟，於是三人合作；由我撰文，麗敏提供食譜，女兒詩婉示範，倒也可算是大陣仗了。

越南凍粉卷

準備時間：約1小時　費用：100元

材料

花蟹 ....1隻，約300克
外國生菜 1棵
芽菜 1杯
日式小青瓜 2個
紅蘿蔔 1段約9厘米長
熟芒果 1個
薄荷葉 1杯
芫荽 ....½杯
洋葱 .... ¼個
青葱 2棵
東莞米粉 2片
油 1湯匙
鹽 .... ¼茶匙滿
越式米紙 .... 1包，直徑20厘米

酸蘸汁材料

魚露 6湯匙
冷開水 6湯匙
糖 5湯匙
青檸汁 2湯匙
洋白醋 4湯匙
蒜茸 2湯匙
長紅椒粒 ... 2湯匙 (將籽刮出，備用)

麗敏的凍粉卷所需材料的種類很多。其實各家各法，且有用全素的，也沒有加芒果，大家可以各適其適，不必拘泥於非用齊各種材料不可。米紙用較大的一種，包時比較容易，只要記着在熱水內一浸即用。

準備

1　花蟹蒸熟拆肉，留用。

2　生菜洗淨，浸在冷淡鹽開水內片刻，取其嫩葉切0.4厘米細絲，約需1杯。芽菜去頭尾，洗淨。青瓜去瓤，切0.3厘米細絲。紅蘿蔔先切成兩段，每段先切片，後切0.3厘米細絲。芒果去皮，肉切0.6厘米粗條。

3　薄荷葉和芫荽洗淨後浸以冷開水，用前瀝乾水留用。

4　青葱切粒。洋葱分成片，每片切細絲，寬約0.4厘米。❶

5　備一鍋冷水，加入米粉，加蓋燒至水開用長筷挑散米粉❷，關火焗5分鐘，倒出至疏箕內瀝去多餘水分❸，放在大碗內以冷開水過冷河，瀝去多餘水分。

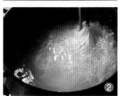

提示

越南河粉有一個很難發音的名字叫pho，讀作英文fur(皮草)的上聲，廣東僑胞都喜歡説：「食pho」。

這種凍卷，餡子可以隨意自行配搭，因為多是用生的蔬菜，最好購買舶來的比較保險，如用本地或大陸蔬菜，記緊洗淨後要用冷淡鹽開水浸過。浸米紙的熱水要不時加入熱開水，以至可下手為度，或整盤放入微波爐內大火加熱1分鐘。蟹肉比較貴，可代以海中蝦，每卷用一隻，煮熟後去殼挑腸，後背部當中平片為兩半，如法排在米紙上。

6 易潔鑊置中大火上，鑊熱時下油1湯匙，爆炒洋葱絲至透明後鏟出 ，鑊內加入青葱炒至香氣散發，與洋葱一同倒下米粉內拌勻 ，下鹽調味，移出置冰箱內待用。

7 蘸汁做法：在大碗內加入所有蘸汁料同拌勻，最後加進約1茶匙的長紅椒籽紅椒粒。

凍卷包法

1 用一耐熱玻璃方盤，盛大熱開水半滿，置於桌上。

2 雙手執起米紙1塊，放下熱水內一拖 ，即反面再快手一拖便平鋪在工作板上。先在米紙距近身一邊約¼處，排上蟹肉，兩旁分置薄荷葉和芫荽 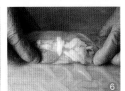，上蓋紅蘿蔔絲 ，次第排上青瓜條、芽菜 ，再加米粉和芒果條，最後加生菜和些許紅蘿蔔絲 。

3 先從米紙近身處覆起，繼續捲上至米紙包緊餡料 ，然後覆上右方 ，再覆上左方，一直捲至米紙另一頭，包緊餡料成卷。可做20卷。

供食方法

分別用小碗盛入蘸汁，置於每位食者之前，凍卷則斜切分為兩半，進食時蘸汁，這樣汁液便可滲進粉卷內。

「白吃」

　　近來恪遵中醫師戒口，捲入「白吃」之災，已有三月，能吃的都是白色的東西，坐在飯桌上胃口全無，身體也變得十分軟弱，舉步維艱，興致索然，連朋友的飯約也一一推掉，大有度日如年之慨。我看中醫，為的是接受針灸，想不到牽連到要吃藥戒口，經常的游泳時間也維持不了，這種「白吃」，「白不吃」也罷。

　　一時記起在十六姑丈遺物中撿到祖父未完成的食詩稿，其中有：「解人三畾共全牛」之句。祖父的釋文是：「曩於北地俄國餐室饌品最喜白魚子、白魚鮓、鮮蝦蟆白及凍盤中之全牛肉食品。」他說的三白，雖然我不全懂，顯見比1000多年前，蘇軾與黃庭堅間的「畾」飯與「毳」飯更具食意。那是家傳戶曉的一個故事，也可說是文人間的意會神傳。話說1079年，蘇東坡因犯誹謗罪被判下獄103天，出獄後曾向黃庭堅談及獄中的三白餐：只有鹽、白蘿蔔和白飯，而後來卻完全忘記說過這番話。一天，接黃庭堅邀請他到家中吃畾飯，蘇東坡一心以為有鴻鵠將至，大喜赴約，結果所謂三白，不過是他在獄中天天吃到的三白而已，便思有以「回敬」，修書約黃庭堅來嘗「毳」飯。黃庭堅依約前往，蘇東坡和他談詩論文竟日，仍不見有什麼飯，問之，卻答曰：「『毳』飯者；無(毛)鹽、無(毛)蘿蔔、也無(毛)飯，黃庭堅始知上了大當。

　　我的「白吃」，既不似祖父的三白那麼精緻，也不像兩位才子那麼縹緲虛無，主要的成分是米粉和白飯，其他數起來不能吃的似乎只餘下蒸魚和蒸瘦肉了，這些都是口味單調的東西，多吃生厭，想換花樣，不外乎加上大頭菜、梅菜而已。米粉是最難吃的，且微帶酸味，試想，鯇魚片煮米粉，實是白上加白，雖然魚農朋友時常送優質鯇魚來，但如此炮製，仍覺單薄。

　　以前大師姐常來接我到會所午餐，我是不吃點心的，我們會點一碟濕炒牛河，加一碟菜，但河粉太油，入不應吃之列，只好改吃米粉。大師姐是胃口正常的人，不吃湯米粉，嫌它沒趣，改點雪菜鴨絲燜米粉。想不到燜米粉出乎意料之外的油，吃了面上的一層，中心的已淌着油，大家都吃不下。第二次特別聲明要少油，但侍應報以：「湯米粉可以少油，燜米粉便不能少，油少怎燜？」師徒二人聽了面面相覷，大不以為然。結果端上來的仍像上次那麼油，我們仍是吃不下。

　　為了要做到燜米粉少用油，我放棄火鴨，怕它脂肪多，改用肉絲，加兩隻冬菇和雪菜，適手頭有一小塊筍也用了。因為清雞湯有雪菜提味，燜米粉便變得鹹香味濃，口感有筍絲調劑，吃起來也蠻有勁道，看來再不蒼白貧乏了。

　　為什麼少用油便燜不成米粉？主要原因是廚師與家廚的手法有別。酒家廚子用的是鐵鑊，火勢極紅，米粉是澱粉質，容易黏着鑊底，所以要多下油，米粉纔能轉動，加了湯和燜料，要快出鑊，油是主要的防黏劑，怎能不多下些呢？但在家中，下廚人可以用易潔鑊，加些許油先把燜料炒好鏟出，雪菜和雞湯燒在一起，讓醃菜的味道滲進湯中，加入米粉同燜，最後把燜料回鑊，加個薄芡，便是我家的燜米粉了。不過，這仍不符合醫師的戒口條文，據說冬菇和筍，前者濕、後者毒，加上這些，只是為讀者而設的，以求多樣。但單是肉絲和雪菜，又怎有這麼和味呢！

雪菜肉絲燜米粉

準備時間：約40分鐘　費用：25元

材料

雪菜	150克
糖	½茶匙
日本花菇	2隻
瘦肉	100克
水	1湯匙
油	1湯匙
紹酒	2茶匙
葱	2棵，只用葱白
長紅甜椒	½隻
東莞米粉	4片
無味精罐頭雞湯	1½杯 + ¼杯
生粉	1茶匙
蒜	1瓣，切細絲
竹筍/冬筍肉	1小塊

瘦肉調味料

頭抽	2茶匙
紹酒	1茶匙
鹽、糖	各少許
胡椒粉	少許
生粉	½茶匙滿
麻油	½茶匙
油	1茶匙

提示

米粉的鹹淡，因人而異，雞湯已有鹹味，如覺淡，可加些生抽拌勻，反之，可加些水。

這盤米粉十分家常，可供兩、三人用，但味道深厚，絕不會覺得單調，能吃辣的加些辣油或XO醬更具風味。東莞米粉很合用，台灣新竹米粉、泰國米粉或越南米粉都比較硬，不易吸收燜料的味道。

準備

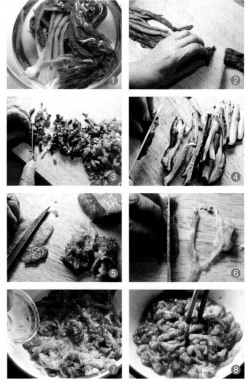

1 雪菜洗淨，分撕成條，放在淡鹽水內將鹹味浸出 ❶，但仍能保留雪菜的原味。用前擠乾雪菜，改去尾端老韌部分 ❷，其餘切小段，約0.6厘米長 ❸。

2 花菇加水過面浸軟，去蒂，留浸水，每隻平片為3片，繼切細絲 ❹。

3 瘦肉先切 0.3 厘米薄片 ❺，再切 0.3 厘米絲 ❻，放在碗內，加入1湯匙水拌勻，待肉絲吸足了水 ❼，便次第加入各項調味料同拌勻，待用 ❽。

4 竹筍汆水片刻，切細絲 ，約需⅓杯。紅椒先切3厘米段，繼切細絲 ，葱白亦切同一大小之細絲。

5 大鍋內加水大半滿，大火燒至水開，投下米粉4片 ，關火，移鍋離火，用筷箸挑散全部米粉，便倒在疏箕內以冷水沖透。

燜法

1 置中式易潔鑊於中大火上，鑊熱時下油1湯匙，下蒜絲稍爆，再拌勻肉絲，鋪在鑊中成一層 ，煎至近鑊一面微黃便翻面，再稍煎便將肉絲鏟散，潷酒，加入冬菇絲和筍絲 ，鏟勻後便移出。

2 鑊內烘乾雪菜，下些許糖鏟勻 ，加入雞湯1½杯和浸菇水 ，燒開後多滾3分鐘使雪菜出味，下鹽，放入米粉  在湯中燜至湯大部分為米粉吸收，將米粉鏟至一旁，倒下肉絲、冬菇絲和筍絲，再煮一會，用生粉1茶匙加雞湯¼杯勾芡，最後加入葱白絲和紅椒絲 ，試味後挑勻所有作料，上碟供食。

小蘇打的兩面觀

英國飲食在歐洲一向聲譽並不光采，佔領香港百餘年，除了帶來不同的飲食文化，對原居民的飲食所產生的影響，可說是鳳毛麟角。但無可為諱，如果沒有英國調味料如李派林喼汁和牛頭牌芥末，製餅用的材料；膨鬆劑如小蘇打食粉、泡打粉、臭粉；牛油、忌廉、芝士、吉士粉等等，可能今日的香港點心和茶餐廳的食品會完全改觀，而豉油餐室亦根本不會存在。

廣東人的頭腦靈活，善於利用新作料，做餅師要懂得各種膨鬆劑的性能，纔能在各種不同的情況下分別使用：鬆餅（quick bread）要用小蘇打粉，煎軟餅（pancake）加泡打粉（baking powder）入麵粉內便可以，但馳名的叉燒包，包皮是用麵種發酵的，為了中和發麵的酸性，穩定起發，三種膨鬆劑都要用，假如不用臭粉，我們的叉燒包便不會爆口哩！

小蘇打粉是化學製劑，英文名是Sodium bicarbonate，呈白色粉末狀，帶鹼味，本來是天然礦物質，現在一般都是人工製造。在烹調上，小蘇打粉若加在麵糰內便會釋放出二氧化碳，引起麵糰的起發而呈膨鬆的狀態。我們飲用的軟性「梳打水」是加入了小蘇打的；煮帶酸性的蔬菜如番茄，加入一些小蘇打可以有中和的作用；浸發乾豆類時下些小蘇打可以減低因吃豆而引起的脹氣；切塊的水果，浸在小蘇打水溶液內，可以防止與空氣接觸後產生的黃鏽色。在家廚內常備一盒小蘇打，隨時可以用來撲火，防止因油濺在火上引致火警。也有人用來抹去紅酒留在衣服上的污痕，放在冰箱裏可除去不良的氣味。這些都是外國人用法的幾個普通例子而已。

蘇打粉到了粵廚的手上，簡直給發揚光大了。煮菜下點小蘇打不但可以保青而且快軟；裹糉時拌些小蘇打粉在糯米和綠豆內，可以縮短加熱時間使米和豆加快綿軟；洗碗可以去膩；擦在肉皮上作清潔劑；最要命的絕招是用來作鬆肉劑。自有小蘇打粉以來，這陋習在粵菜上已為患了百多年。

中國的牛一向是供給勞動力的牲畜，只有在年高德劭時方拿去屠宰，牛肉老韌如柴，粵廚發現了舶來的小蘇打粉有特別的用途，與水拌勻，加入牛肉內，可以把質地改變成鬆軟滑嫩。可惜過猶不及，用得過量，醃製過的牛肉口感潺滑且帶金屬味，於是在泡油後用水去沖，再在芡汁內加重添味劑，致原味全失。

很多廚子都維護小蘇打粉說是無傷大雅，是整個行業的醃肉標準，以我一介小煮婦，自不能一家獨鳴，只能噤若寒蟬。但最令人寒心的是，小蘇打粉的用途日見擴張，從牛肉而至其他豬、羊、雞、鴿等肉類，都要經小蘇打醃製。甚焉者竟禍及海產類如蝦、帶子、魷魚等等，無不經過醃泡，泡後還要不斷沖水去除澀味。一些廚子連珍貴海味諸如乾鮑魚、魚翅、魚肚、海參等也要泡在小蘇打溶液內，只求體積增加，其他的都不顧了。今日遐邇聞名的玻璃蝦球，不下小蘇打粉，何能成菜？記得先上六七十年廣州西關的雲吞麵店，鮮蝦是當眾現剝現用的，那時我在順德勒流還吃過生剝河蝦的鮮蝦餃，這等人生難得的食福，如今不消提了。

美國的治家寶鑑中，小蘇打粉的妙用不下二百種，每家都有一本以備不時之需，頗足借鏡。製餅食和麵包的廚書，小蘇打粉隨處出現，用途極廣。我們的油器諸如油條、牛脷酥、鹹煎餅和笑口棗，沒有小蘇打，就失去脆口了。小蘇打粉的正負兩面，希望讀者能正視之而加以取捨。

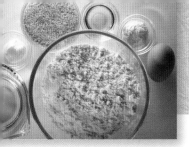

笑口棗

準備時間：1小時　費用：20元

材料

白糖	¾杯
水	½杯
麵粉	2杯
泡打發粉	1½茶匙
小蘇打粉	¼茶匙
大雞蛋	1枚
植物油或花生油	1½湯匙
白芝麻	½杯（或多些）
炸油	4杯
灑工作板用麵粉	¼杯

時值歲晚，又是「炸物」的好日子。笑口棗易做討好，大小隨意，但不要太大，吃了一枚笑口棗，填飽了肚子，即是剝削享受其他年食的機會。食譜上所用的泡打發粉，最好能用罐裝的，而且還要留意到期日，否則不起發，正是大吉利是！

準備

1 小鍋內加入水和白糖，中火煮至糖溶化，擱涼待用。

2 麵粉、泡打發粉、小蘇打粉同篩在大碗內 ❶，中開一穴，加入蛋液及油 ❷ 拌成粗粒 ❸，逐少加入糖水，邊加邊將穴旁乾粉撥入，直至和合成一粗糙麵糰 ❹。

3 工作板上撒下麵粉防黏，鏟出麵糰，稍揉數下 ❺（多揉則麵糰會起筋），放回碗內以毛巾蓋起 ❻，擱置15分鐘。

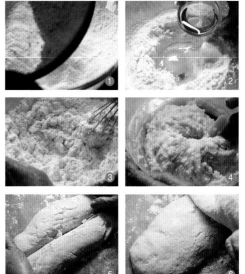

成形法

1 分麵糰為2份，每份搓成長條，每條分切15
塊❶，置於雙掌中搓成圓球❷。

2 小碟內盛水，在另一碟內盛芝麻，先把麵球
放下水中一蘸，微濕表面，然後放在芝麻內
一滾❸，繼用掌輕握，使芝麻黏緊，先做
15個。

炸法

1 置鑊於中大火上燒紅，倒下炸油，即改為中
小火，投下一小塊，如芝麻不脫落而又浮起
時，油溫約為攝氏150℃（華氏300度），放
入一半麵球❶，不停將麵球撥動，不久便見
麵球浮起❷。

2 是時麵球開始滾動，繼而慢慢爆開，將火改
為小火，維持油溫，炸至麵球停止爆裂並呈
淺金黃色❸，便成笑口棗，移出至炸籬內瀝
油，關火。

3 以密眼小篩隔去油內芝麻及雜質，繼續用小
火燒油至先前溫度，炸完另一半麵球。

4 以同樣方法準備及炸完餘下一份麵糰，多做
15個。

與「糖」無緣

不知是什麼原因，我自小便不喜甜食。

我的堂兄弟姊妹眾多，小時候下午課餘大家聚在祖父的太史第溫習功課，大伯娘的近身六婆一定會為我們這群孫小姐、孫少爺準備好點心甜品。我就是不感興趣，往往央六婆先盛起一碗不加糖的。因此我飽受揶揄，說我是怪物。

就算在自己的家，母親為了我不肯吃甜的東西而生氣，早餐的鹹麥片、不加果醬的多士，我吃得很開心，連燉一碗雞蛋我也要吃鹹的。到了颳起北風的冬天，我圓圓的臉蛋起了皴裂，母親一面為我塗潤臉霜一面說，這就是不吃糖，害得皮膚乾燥的結果。我不吃糖便是不吃，連大家爭着搶的「朱古力」我也無動於衷。

小時如此，大來更甚。別人最喜歡的飯後甜食，都不是我那碗「茶」。直至母親患癌時，視網膜突然掉下，醫生要我和哥哥作全身總檢查，發現我們都有輕微血糖過高的現象，而雙親都沒有，我們可能有隔代的遺傳性糖尿病。從此，40年來戰戰兢兢，聽從營養師的指示，寸步不踰矩。除了旅行時捨不得放棄那些法國三星名廚的精美甜點外，難得放縱自己。

當了中國烹飪教師，不吃甜的也要教學生做。回香港學了做點心以後，開始吃一點點甜的東西。後來在美國加省臥龍里學院多教了一課「比較烹飪學」，我便要下苦功去學做西點，也肯嘗甜了。但戒條仍在，不敢放肆，那時吃一口甜食簡直如同犯了彌天大罪一般！

記憶裏家中的甜食可多着呢！紅豆沙、綠豆沙、芝麻糊、花生糊、杏仁茶、核桃糊、眉豆粥、五色豆粥、糯米麥粥，還有真正的桑寄生蛋「茶」、雞蛋武夷「茶」，栗子當荏時又有栗子羹、平日隨時都可以吃到的番薯糖水、芋頭糖水、白果腐竹糖水。最難忘的就是那一碗大雜燴糖水，應有盡有，家中有什麼應時的東西，全都放進去，百鳥歸巢，融會一起。我一定要六婆先為我留出一碗不加糖的，因為有了紅棗，已很夠甜了，這是罕有的享受，永誌一生。但有幾種甜食我認為屬難入口之類，諸如冰花馬蹄露，稠糊一碗，無香無味；蛋花西米露更單調，就算不下糖，都不值一顧。

現時的創新甜品，品種可謂多樣了：楊枝甘露、珍多冰、珍珠奶茶、喳喳，還有數不清的加了芒果、草莓、菠蘿等等水果的新派糖水，都把香港的傳統冰室和茶餐廳拋離一大截。但紅豆冰仍然是香港人的至愛，淘汰不了。專售奶品的專門店也繼續賣雙皮奶、鳳凰奶糊、燉蛋，薑撞奶更是一枝獨秀呢！料不到我小時最怕的西米，今天卻是盛極一時的蜜瓜西米露的主要材料。

近年無處不在的星巴克咖啡店，搶了不少甜品市場的份額，而新冒起的小咖啡室，以幽雅和精緻西式餅食見著，也彼起此落地遍佈港九，是適合白領階級工餘找個地方靜坐、透一口氣的好去處。畢竟時代不同了，單調口味的古老糖水店，卻日漸式微，在租金高企下能鼎力支撐的已無幾了。環顧四周，外來的衝擊和新潮流的湧現，都使我們上幾輩的覺得落伍了。但因此在家裏更值得做些經濟可口的糖水。

暑假我留在香港，又可吃到當造的夏天果蔬了：鳳眼果（蘋婆）、鮮蓮子、栗子、新白果，加上紅棗、既肥又厚的蘭州百合，再煮些鵪鶉蛋，便夠材料做個冷熱俱宜、消暑清潤的七寶甜湯了。記得小時吃過的是沒有鵪鶉蛋，但有洋薏米的，我覺得加了洋薏米，甜湯變得混濁，不夠清爽，所以只放幾枚小蛋代替了。

七寶甜湯

準備時間：難以計算　費用：60元

材料

鳳眼果	300克
鮮蓮子	¾杯
去殼白果	½杯
栗子	12粒
蘭州鮮百合	1大顆
紅棗	½杯
鵪鶉蛋	8隻
白糖或冰糖	¾杯（或適量）
薑	1塊約20克，拍扁

這是一個大雜燴，缺少了一種，可以隨時用其他的乾果仁如杏仁、核桃、花生，紅棗也可代以南棗或蜜棗，更可以加些龍眼肉、枸杞子，靈活多變，任何時候都可以組織起來。但每種作料的結構不同，處理和加熱時間都不一樣，最好是先行將材料分別煮好，最後纔一同下鍋，方能有共冶一爐之風味。

準備

1 先用牙籤尖的一頭在蓮子的底部穿一小孔，再用粗的一頭從小孔穿入，把蓮芯推出，棄去蓮芯 ❶，沖淨蓮子，放在小鍋內，中火煮約10分鐘，移出沖去泡沫。

2 放鳳眼果在多層廚紙上以防滑手，用小刀在背上割一十字 ❷，深及第二層的硬皮。把割好的鳳眼果放在耐熱的玻璃盤內，中央留出空位，蓋起 ❸，放在微波爐內，大火（100%火力）加熱1分鐘40秒，即見果殼裂開，呈現第二層皮上的十字。沿着十字將厚皮撕去便得淨肉 ❹。

提示

1. 所用微波爐之輸出功率為1,000瓦特，如閣下的微波爐的輸出功率不同，請照比例將加熱時間調整。
2. 香港傳統街市在農曆七月近盂蘭節時便有鳳眼果出售。鮮蓮子亦然，若買不到，可用真空包裝的代替。

3 栗子沿玻璃盤排放，蓋起，放入微波爐內，大火（100% 火力）加熱2分鐘，便見外皮與果肉分離，一擦即脫落 ❺。加入小鍋內，中火煮至軟腍 ❻，約15分鐘。

4 白果放在開水內煮約10分鐘，移出沖冷，是時外皮很易脫去，白果肉亦熟了。

5 鵪鶉蛋放在小鍋內，加冷水過面，大火燒至水開，繼續煮4分鐘，移出以水沖冷後剝殼留用。

6 紅棗洗淨用開水浸軟，去核。

7 鮮百合逐瓣解開，修去開口處之乾硬部分。將已準備好之各種材料同放在碟上 ❼。

煮法

1 4公升湯鍋內加水7杯，置大火上燒開，先加入生薑、紅棗和鳳眼果 ❶，煮時會有白色泡沫浮至水面，用密眼小篩撇去 ❷。

2 煮至約10分鐘便下糖，繼着次第加入蓮子、白果和栗子 ❸，改為中火，多煮15分鐘，是時白泡繼續浮起，要不停撇去。最後下百合瓣，燒滾後放下鵪鶉蛋 ❹，試糖味，便可供食。